编委会

BIANWEIHUI

序言

XUYAN

中华文化源远流长、灿烂辉煌。中华优秀传统文化是中国人的文化基因，是中华民族凝聚力的坚实根基，积淀着中华民族的精神追求和价值取向，具有极为丰富的思想内涵。

近年来，党和国家高度重视中华优秀传统文化的弘扬和传承。在学校，立德树人离不开中华优秀传统文化的浸润。中华文化独一无二的理念、智慧、气度、神韵，可以增添我们内心深处的自信和自豪，使我们自觉坚守中华文化立场，传承中华文化基因，形成正确的世界观、人生观和价值观；促使我们把中华文化的思想理念、价值标准、审美风范转化为精神追求和行为习惯，提高优秀传统文化的实践能力，实现人生境界的提升。

中华优秀传统文化蕴含着丰富的道德理念，积淀着多样、珍贵的精神财富，如天人合一、自然和谐的生命观，求同存异、和而不同的处世方法，形神兼备、情景交融的美学追求等，这些思想观念留下了独特而丰富的中华文化印记，如青铜器、汉字、丝绸、陶瓷、玉、茶、传统服饰、

传统村落、古典园林、古琴、围棋、国画、京剧、中医药、武术等。独有的传统文化是中国人民思想观念、风俗习惯、生活方式、情感样式的集中表达，至今仍然具有深刻影响。

本书从中华优秀传统文化的独特印记入手，对各类文化按照“知识—精神—价值”的脉络进行梳理，通过介绍文化的基本形态，帮助我们了解基本知识；通过阐述文化的审美特征，帮助我们理解文化物象蕴含的精神；通过文化物象的文学、史学、哲学的视角，帮助我们拓展视野、认同文化价值。

青少年学生是中华优秀传统文化的继承者和弘扬者。希望本书能够引领学生自主去学习、探究、体味、领略中华传统文化的独特魅力。

目录

MULU

第1课 青铜文化

文化说略

2018年2月，故宫博物院联合八家国家级重点博物馆以《国家宝藏》为题举办了一次特展。经过民众甄选，入选的9件国宝中，有3件是青铜器。这三件国宝重器是中国光辉灿烂的青铜文化的代表性作品。

云纹铜禁是一件春秋中期的青铜器，失蜡法铸就，工艺精湛而复杂，令人叹为观止。云纹铜禁1978年出土于河南淅川县下寺春秋楚墓，2002年被国家文物局列为首批64件禁止出国（境）展览文物之一，现藏于河南博物院。

云纹铜禁是中国古代酒文化中酒以成礼的一件证物，引人深思。

大克鼎又称膳夫克鼎，是西周一名叫克的大贵族为祭祀祖父而铸造的青铜器。中国首批禁止出国（境）展览文物之一，收藏于上海博物馆。

大克鼎是西周青铜文明与礼乐文化的代表，鼎上的铭文体现出敬天法祖、自强不息的意识和观念。

皿天全方罍，简称“皿方罍”，商代晚期铸造，属酒器中的盛酒器一类，因器口铭文“皿天全作父己尊彝”而得名，被称为“方罍之王”。该器于 1922 年被发现，器盖于 1956 年由湖南省博物馆保存至今，器身流至国外。经多方沟通和协议，皿天全方罍器身于 2014 年 6 月 14 日回归湖南长沙。

皿方罍产生于一个崇敬祖先和鬼神的时代，体现了古人崇祖敬天的一面。

青铜是人工冶炼出来的合金铜，具有硬度大、熔点低的优点。青铜铸造技术的发明，具有划时代的意义。

中国青铜文化起源于史前时期，这个时代相当于尧、舜、禹时期。据古文献记载，当时人们已开始冶铸青铜器。考古人员在龙山文化时期的几十处遗址中都发现并挖掘出了青铜器制品。

中国青铜文化发展的鼎盛期，即中国青铜时代，其时间跨度为夏至战国早期。

中国青铜器数量多，造型丰富，品种繁多，有酒器、食器、水器、乐器、兵器、车马器、货币、玺印等。

后母戊鼎

后母戊鼎（原称司母戊鼎），1939 年在河南安阳出土，是商代时期青铜文化的代表作，现藏于中国国家博物馆。鼎身雷纹为地，四周为盘龙及饕餮纹样，体现了中国青铜铸造的超高工艺和艺术水平。

三星堆遗址——神秘的青铜文明

三星堆遗址位于广汉市。三星堆遗址出土文物数千件。其中各种动物、植物青铜像构成了中国数量最多且形体最大的青铜雕像群：有通高 2.608 米的青铜大立人，有宽 1.38 米的青铜纵目面具，更有通高 3.99 米的青铜神树等，堪称独一无二的旷世神品。

青铜大立人

青铜纵目面具

青铜神树

稀世珍宝——曾侯乙编钟

曾侯乙编钟，战国早期文物，中国首批禁止出国（境）展览文物之一，出土于湖北随州。整件作品由 65 件青铜编钟组成，其音域跨五个半八度，十二个半音齐备。它高超的铸造技术和良好的音乐性能，改写了世界音乐史，被中外专家、学者称之为“稀世珍宝”。

编钟是中国古代大型打击乐器，兴起于西周，盛于春秋战国直至秦汉。曾侯乙编钟是体现中国古代青铜铸造工艺的代表性作品，更代表了我国古代音律学的成就。

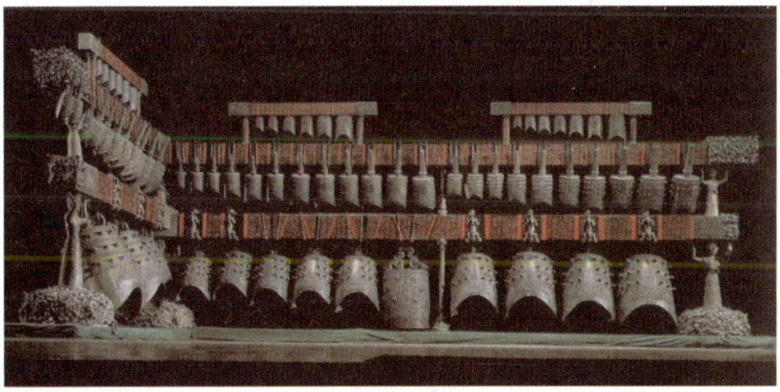

青铜典范——四羊方尊

四羊方尊，商朝晚期青铜礼器，祭祀用品，出土于湖南宁乡，收藏于中国国家博物馆。

据考古学者分析，四羊方尊是用分铸技术铸造的。整个器物显示了高超的铸造水平，被史学界称为"臻于极致的青铜典范"。

文化审美

◆青铜的吉祥意义

青铜在古代被称为吉金。用青铜铸造的彝器在古人眼里是宝器，是传之万代的传家宝，尤其是祭祀必不可少的礼器。作为身份和财富的象征，贵族将青铜器供奉于庙堂，摆放在神案上，用以敬祖敬神。

◆青铜器的国家象征

大禹所铸的九鼎被称为大禹鼎，在古代尤其是传说中曾被作为国家的象征。青铜礼器还以数量和组合形式来区分不同的地位、身份等，如天子九鼎。

◆青铜器铭文的历史价值

大量青铜器上铸刻铭文，这是中国青铜文化有别于其他青铜文化的一个突出的特征。青铜器铭文的内容主要是对祀典、赐命、诏书、征战、围猎、盟约等活动或事件的记载，没有经过后世的修改，具有极高的研究价值。

◆青铜器因形赋纹的意蕴

青铜器上的装饰纹样多分布于器物的腹、颈、圈足或盖等部位，大致可以分为动物纹、几何纹等几大类。纹饰内容复杂，丰富多彩。

饕餮纹青铜罍

乳钉纹青铜簋

龙纹青铜壶

史事拾微

梁王争罍

西汉文帝的爱子梁孝王刘武是一位著名的古物收藏家，他收藏有许多古物，其中以一件青铜罍最为珍贵。他临死前立下遗嘱：此罍价值万金，要好好收藏，切勿给予别人。刘武的儿子刘买继位后谨记遗训，保管好青铜罍。

刘买去世后，刘武的孙子刘襄继位，为梁平王。平王王后知府库中有一件价值连城的稀世珍宝青铜罍，心生贪念，想要得到。这时李太后（刘武之妻）还健在，对王后说：先王有遗命，不准把罍给任何人，其他物品，即使价值十万，都任你挑选。然而，梁平王很宠爱王后，不听祖母李太后的劝阻，到府库取出青铜罍，送给了王后，祖母李太后大怒。梁平王和王后因此怨恨李太后，对她很不孝顺。

李太后死后不久，梁国有人向朝廷告发，详细说出了梁平王夫妇和祖母争罍的事情，朝中官员提议按法律废梁王为平民。皇帝给予宽大处理，削去梁国八座城市，把王后绑赴刑场斩首。

欧氏铸剑

欧冶子，春秋末期至战国初期越国人。曾为越王允常、楚昭王铸宝剑。欧冶子铸造的一系列青铜名剑，冠绝华夏。

《越绝书》载："越王允常（勾践之父）命欧冶子铸剑。"欧冶子到闽、浙一带名山大川遍寻适宜铸剑之处。当他见到湛卢山（今福建松溪县）清幽树茂，薪炭易得，矿藏丰富，山泉清冽，适宜淬剑时，就结舍于此铸剑。3年辛苦，终于铸就了锋芒盖世的湛卢之剑。此剑可让头发及锋而逝，铁近刃如泥，举世无可匹者。

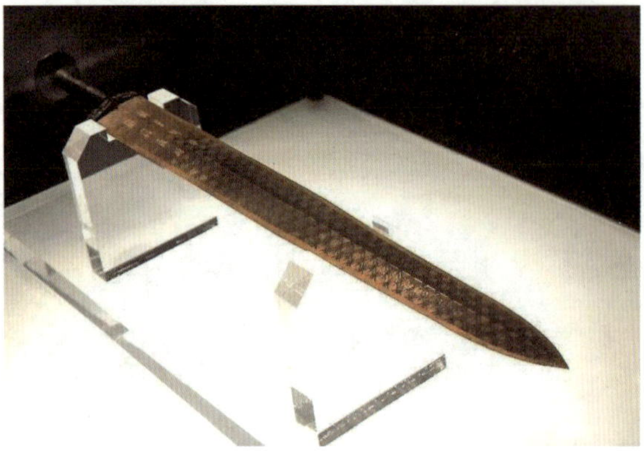

越王勾践剑，湖北江陵出土。该剑出土时完好如新，剑刃锐利，剑身满布菱形花纹，铸造工艺非常高超。这一考古发现给欧氏铸剑的记载提供了一个近似的实物。越王勾践剑历经两千余年，仍然纹饰清晰精美，时人誉为"天下第一剑"，亦不为过。

问鼎中原

传说夏禹铸九鼎，代表九州，作为国家权力的象征。夏、商、周三代以九鼎为传国重器，为得天下者所据有。

夏桀无道亡国，九鼎为成汤所得，成汤立商。商纣王暴虐亡国，九鼎为姬发所得，姬发建立了周朝。

公元前607年，楚庄王想取周而代之。楚庄王见了周的大臣王孙满便问道："周天子的鼎有多大？有多重？"言外之意，要与周天子比权量力。王孙满说："统治天下在乎德而不在乎鼎。"庄王很不服气地说："你不要依仗九鼎，我楚国有的是铜，我们只要折断戈戟的刃尖，就足够做九鼎了。"王孙满说："大王您别忘了，当初夏禹是因为有德，天下诸侯都拥戴他，各地贡献铜材，才能铸成九鼎以象万物。如果天子有德，鼎虽小却重得难以转移；如果天子无德，鼎虽大却是轻而易动。周室虽然衰微，但是天命未改，宝鼎的轻重，不可过问。"楚庄王知道自己还没有灭周的资本，无话可说便带兵回国了。从此以后，人们就将企图夺取政权称为"问鼎"。

潘达于与青铜国宝

中国青铜重器中，大盂鼎和大克鼎是被称为"重器鸿宝"的西周铜鼎。

抗日战争爆发时，大盂鼎和大克鼎的保护人是潘达于。为了防止珍藏的青铜器出现不测，潘达于经过深思熟虑，决定把大盂鼎、大克鼎等青铜器埋在自己居住的庭院里。刚刚掩藏好文物，日本侵略者就占领了苏州。日军司令得知潘家珍藏着文物，派兵去潘宅一遍遍搜查也没有找到宝物，大盂鼎、大克鼎等国宝躲过了这场劫难。

1944年，埋在地下的木箱腐烂，地面塌陷。潘达于和家人秘密挖开大坑，把大盂鼎、大克鼎重新掩埋。就这样，大盂鼎、大克鼎被完好地保存了下来。

苏州、上海相继解放后，经历了几十年的坎坷，潘达于认识到，两只宝鼎交给人民政府才能妥善保护好它们。在征得了家人同意后，潘达于主动写信给华东军政委员会文化部，要求捐献大盂鼎、大克鼎。

上海市文物管理委员会举行隆重的潘氏捐献盂克两鼎授奖典礼，向潘达于颁发了文化部褒奖状。褒奖状写道："潘达于先生家藏周代盂鼎、克鼎，为祖国历史名器，六十年来迭经战火，保存无恙，今举以捐献政府，公诸人民，其爱护民族文化遗产及发扬新爱国主义之精神，至堪嘉尚，特予褒扬，此状。"献鼎之后，潘达于又在50至60年代分批向国家捐献了大批珍贵文物，这些文物如今大多都保存在上海博物馆和南京博物院。

潘达于把价值连城的文物都捐献给了国家，自己和家人却过着极其简朴的生活。这位普通而不平凡的伟大女性的名字，永远与大盂鼎和大克鼎连在一起，世代传扬。

诗文传情

临江仙（钟鼎山林都是梦）

（宋）辛弃疾

钟鼎山林都是梦[1]，人间宠辱休惊。只消闲处遇平生。酒杯秋吸露，诗句夜裁冰。

记取小窗风雨夜，对床灯火多情。问谁千里伴君行。晚山眉样翠[2]，秋水镜般明。

【注释】

①钟鼎：两种古代青铜器，上面或有记事表功的文字，喻在朝为官。山林：山石林泉，喻在野为隐。②眉样翠：青翠如黛眉。

郭祥正家醉画竹石壁上郭作诗为谢且遗古铜剑

（宋）苏轼

空肠得酒芒角[1]出，肝肺槎牙[2]生竹石。
森然[3]欲作不可回，吐向君家[4]雪色壁。
平生好诗仍好画，书墙涴[5]壁长遭骂。
不嗔不骂喜有余，世间谁复如君者。

一双铜剑秋水光，两首新诗争剑铓[6]。

剑在床头诗在手，不知谁作蛟龙吼。

【注释】

①芒角：指植物的尖叶、星辰的光芒、笔锋等意。②槎牙：形容错落不齐之状。③森然：形容繁密，也形容阴沉可怕。④君家：敬词。犹您家。⑤涴：污，弄脏。⑥剑铓：剑锋。

青铜香鸭[1]诗

（宋）周端臣

谁把工夫巧铸成，铜青依绿绿毛轻。

自归骚客文房后，无复王孙金弹惊。

沙觜[2]莫追荐苇暖，灰心聊吐蕙兰清。

回头却笑江湖伴，多少遭烹为不鸣。

【注释】

①鸭：这里指鸭形香炉。②沙觜（zī）：一端连陆地，一端突出水中的带状沙滩。

哲理之思

最早的青铜器出现于西亚两河流域，但中国青铜器广泛的使用规模、先进的铸造工艺以及在形制、品种、纹饰、铭文等方面的发展水平，令世界其他青铜族都难以企及。中国的夏、商、周三代创造了辉煌的青铜文明，为何这一路传统文明没能延续至今？

◆盛极而衰：历史的选择

有辉煌也有衰落，任何一种文明必然会随着时代的发展、社会的变化而变化，青铜器的发展、演变和衰落就是一个见证。

礼器曾经是青铜最显赫的身份象征，但随着礼制的土崩瓦解，青铜礼器也随之没落。

战国至秦汉，铁器和漆器后来居上。人们制作出了大量铁器并广泛应用于生活、生产，青铜器在很多方面不如铁器便利，渐渐少了。

东汉末年，人们在制作陶器上有了质的突破，烧制出瓷器。取材方便、造价低廉的陶瓷开始普及，青铜器越来越被人们遗忘。

汉代以后，青铜器除了铜镜继续生产以外，其他青铜器的生产已没有发展。就像任何文明一样，中国青铜文明逐渐走向衰落。

◆青铜文化的现实意义

从先民的一件件天才之作中，我们可以感受青铜文化蕴含的中华民族特有的精神价值、思维方式、想象力，体味中华民族的生命力和创造力。

青铜器的独特造型、精美纹饰等，可以影响今天的文化，我们甚至可以借鉴并应用到现代设计中。

探究青铜器艺术的历史文化含义，其意义关乎未来，也就是要在传统的基础上培育出新的现代文化。

文化感悟

在中国青铜文化中，你可以看到原始文明的印记以及人类思维的发展、艺术的精美、技术的进步、传统观念和文化性格的形成……如今人们的生活中其实仍然有青铜文化的影响。例如，我们常说有关青铜器的成语“言重九鼎”“大名鼎鼎”“革故鼎新”“鼎力相助”，其中蕴含着极其丰富的精神内涵，我们应当继续发挥这种优秀传统文化的影响力。

青铜文化带给你哪些思考？请写下你的感想。

第 2 课 汉字文化

文化说略

在 2018 年的《国家宝藏》特展中，故宫博物院的石鼓和辽宁省博物馆的《万岁通天帖》入选。

石鼓，承载着自先秦时期所奠定的文化内涵，刚健、秩序、进取，用石刻文字记录着中华文明的博大。

《万岁通天帖》，上承魏晋书法精华，下启唐宋书法高峰，承载着华夏文明的坚韧和隽永。

石鼓又称陈仓石鼓，被康有为誉为“中华第一古物”。627 年发现于陈仓山（今陕西省宝鸡市石鼓山）。

石鼓共 10 只，每个重约 1 吨。每个石鼓上面都镌刻有“石鼓文”（大篆）。

石鼓文，是中国现存最早的刻石文字。

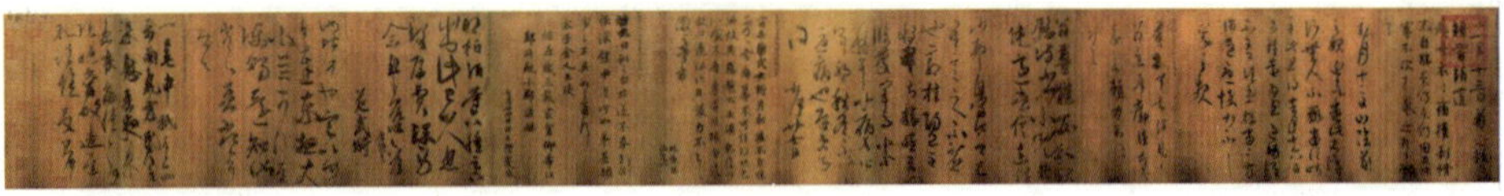

《万岁通天帖》现藏辽宁省博物馆。据记载，东晋王导的十一世孙王方庆把家里传了很多年的王羲之等人的书法真迹都献给了武则天，武则天命人用“双钩填廓法”临摹后将真迹归还王方庆，把临摹品收藏在内府。《万岁通天帖》在一定程度上保留了王羲之的笔韵。

仓颉造字的传说

中华文化历史悠久，内涵丰富。能够代表中华文化的符号数量众多，其中最具有代表性的，一定非汉字莫属。汉字是现今仍在使用的、世界上最古老且保存最完整的文字。汉字是中华文明的载体。

仓颉造字是中国古代神话传说之一。仓颉在传说中是轩辕黄帝的史官，他对先民时期的“文字”加以搜集、整理、改进和推广，为中华民族的文化做出了不朽的功绩。但普遍认为，复杂的汉字系统不可能由一个人发明，汉字由仓颉一人创造只是传说，他可能是汉字的整理者。

全国有多处纪念仓颉的遗迹，如仓颉陵、仓颉庙等。

河南南乐曾建有仓颉庙、造字台、寒露轩、石牌坊和仓颉陵等，宋代寇准路过南乐时曾亲笔为仓颉庙题写“盘古斯文地，开天圣人家”的对联。

这些建筑曾遭到破坏，所剩古建为数不多，现在的建筑是 2000 年复建的。

中国最早的文字——甲骨文

甲骨文是古代刻在龟甲兽骨上的用以占卜用的文字，主要发现地在河南安阳小屯村。

今天所用的汉字，就是从商代甲骨文发展演变而来的。

从甲骨上的文字看，它们已具备了中国书法的用笔、结字、章法三要素。用笔线条严整瘦劲，曲直粗细均备，笔画多方折；文字有变化，虽大小不一，但比较均衡，格局较稳定；虽受骨片大小和形状的影响，仍表现了镌刻的技巧和书写的艺术特色。

这片卜骨的卜问内容涉及祭祀、天象等方面。刻辞书风雄健，字大体端，笔画遒劲。

《说文解字》

《说文解字》是中国第一部系统地分析汉字字形和考究字源的字书，也是世界上很早的字典之一。

《说文解字》的作者为许慎，字叔重，东汉汝南召陵（今河南郾城县）人，著名的经学家、文字学家、语言学家，有“字圣”之美誉，被尊称为“中国文字学的开拓者”。

《说文解字》原文以小篆书写，逐字解释字体来源，按540个部首排列，开创了部首检字的先河。

《说文解字》对“六书”（象形、指事、会意、形声、转注、假借）做出了具体的解释。许慎发展了六书理论，明确为六书下定义，并把六书用于实践，逐一分析《说文解字》所收录的汉字。

《说文解字》一书被视为探究汉字的必读之书。

汉字书法

与汉字发展紧密相关的，是独具特色的中国书法。书法是指文字符号的书写法则，即按照文字特点及其含义，以其书体笔法、结构和章法书写，使之成为富有美感的艺术作品。简单说，书法是文字表现的艺术形式。

从商周至现代，汉字书体在不断发展，在形式上有篆、隶、楷、行、草等字体，就艺术风格而论，不同时代、不同书家有不同风格。

王羲之，东晋书法家，被后世尊为“书圣”。他书写的《兰亭序》为书家所敬，被誉为“天下第一行书”。

颜真卿，唐代杰出书法家，与赵孟頫、柳公权、欧阳询并称“楷书四大家”。

怀素，唐代书法家，他的“狂草”用笔圆劲有力，奔放流畅，一气呵成，对后世影响极为深远。

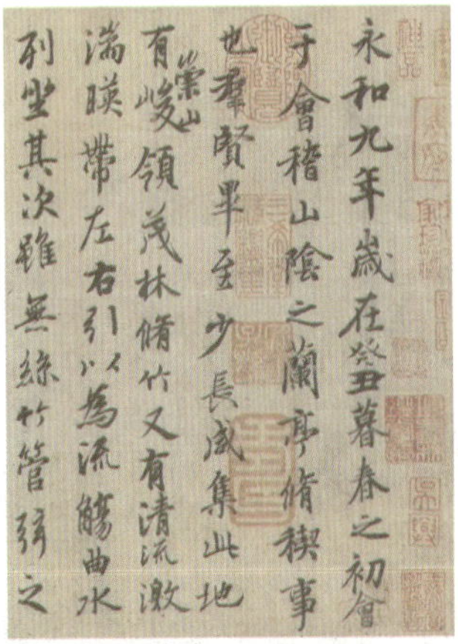
王羲之《兰亭序》（神龙本）局部

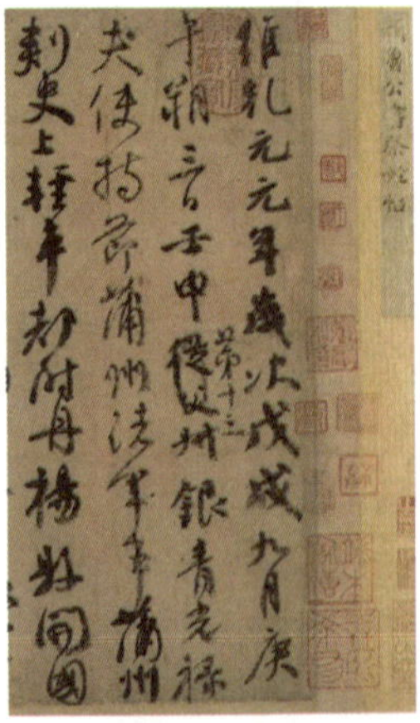
颜真卿《祭侄文稿》局部

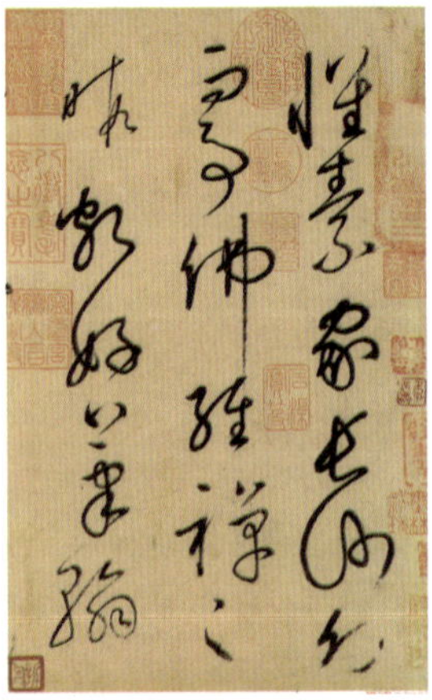
怀素《自叙帖》局部

文化审美

汉字是由笔画构成的方块形符号，所以汉字一般也叫“方块字”。这种“方”蕴含着中国古代先哲“天圆地方”的思维认知，有思想之美。汉字是一种表意文字，许多字从外形上看可以知道它的大概意思。例如，“日”形状像太阳，“月”形状像月牙。日和月都有光，两个合在一起更亮，这就是“明”。汉字有左右结构、上下结构、包围结构和独体字结构，其中蕴含着中国哲学的中和、谦让、对称、均衡等，具有鲜明的民族特点。

汉字多具有集形象、声音和辞义三者于一体的特性。这一特性在世界文字中是独一无二的，因此它具有独特的魅力。汉字往往可以引起我们美妙而大胆的联想，给人以美的享受。

第一，汉字的音韵之美。汉字发音极富音乐性，四种声调再加轻声、变调，还要讲究抑、扬、顿、挫和轻、重、缓、急，使得汉字错落有致、音韵和美。

第二，汉字的形态之美。汉字以表意为主，兼具表音，形音结合，结构规整，书写优雅，表现力强。

第三，汉字的意蕴之美。汉字的意义生成常常是“言有尽而意无穷”。例如，“武”字，“止戈”为“武”——停止战争才是真正的“武”，这体现了中华民族爱好和平、博大包容的民族精神。

汉字演变

汉字设计

汉字艺术

史事拾微

秦始皇统一文字

在诸侯割据称雄的战国时期，“文字异形”。这给政令的推行和各地的文化交流造成了重重阻碍。秦始皇灭六国后，命李斯等人进行文字整理，“罢其不与秦文合者”，把原来的大篆简化为小篆。后来又简化字体，把小篆圆转笔画变成方折，便于书写，这就是“隶书”。

秦始皇统一文字，是我国历史上第一次运用行政手段大规模地规范文字。秦王朝使用经过整理的小篆统一全国文字，基本上消灭了各地文字异形的现象。文字的统一，对于文化的传播具有积极意义，对我国文化艺术的发展也具有深远的影响。

秦代小篆以秦始皇所立诸石最为重要。

左图为《碣石颂》拓片局部，原石为始皇东巡至碣石（今河北昌黎西北）时所立。

一字师

唐代诗人郑谷回到故乡袁州（今江西宜春）。他以文会友，经常和一些文人往来。当地有个著名诗僧叫齐己，他很仰慕郑谷的才名，就带着自己的诗稿，前来拜会。

齐己写有一首《早梅》诗，其中有两句：“前村深雪里，昨夜数枝开。”他对这两句诗很满意。郑谷读到这两句诗时，不由得沉思起来，接着对齐己说：“梅开数枝，就不算早了。”又说：“不如把‘数’字改为‘一’字。”齐己听了，认为改得很好，欣然接受，恭恭敬敬地向郑谷拜了一拜。文人们知道了，就把郑谷称为齐己的“一字之师”。

北宋文学家范仲淹敬仰东汉隐士严子陵，写了篇《严先生祠堂记》，文中有一首赞颂严子陵的诗：“云山苍苍，江水泱泱，先生之德，山高水长。”文章写成后，范仲淹把它给友人李泰伯看。

李泰伯读后说：“云山”“江水”等词，从内容上说很宏伟；从用语上说极有气派，而下面用一个“德”字接它，似乎显得局促，换个“风”字怎么样？

范仲淹听后，把诗一吟诵：“云山苍苍，江水泱泱，先生之风，山高水长。”果然更能反映对严子陵崇敬的意思。范仲淹连忙称谢，拜李泰伯为“一字师”，并以一千两银子作为酬答。

汉字简化

近代汉字简化运动，源于太平天国，当时太平天国政府的印玺和所印发的公告、书籍等，大量采用了民间流行的简体字，同时也创造了不少新的简体字。在五四运动后，随着白话文逐渐取代文言文，改革汉字的呼声逐渐高涨。1935 年 8 月 21 日，中华民国教育部正式公布《第一批简体字表》，这是政府第一次大规模推行简化汉字。中国共产党领导的抗日根据地和解放区也曾经采用甚至创造了许多简体字。

中华人民共和国于 1956 年 1 月 28 日发布《汉字简化方案》，1964 年 5 月审定通过《简化字总表》。1986 年重新发表经少量修订后的《简化字总表》。

诗文传情

草书屏风

（唐）韩偓

何处一屏风，分明怀素①踪。
虽多尘色染，犹见墨痕浓②。
怪石奔秋涧，寒藤挂古松③。
若教临水畔，字字恐成龙。

【注释】

①怀素：唐代书法家，以狂草著名。②墨痕浓：描述怀素草书的笔酣墨饱、痛快淋漓。③字的点如怪石奔向秋天的山涧，字的竖和钩像古藤倒挂古松。

关于文字的成语

惜字如金：指极其节省文字，不多费笔墨。

言从字顺：语言文字通顺、流畅。

一字百炼：形容写作时在文字上反复推敲。

一字千钧：形容文字有分量。

只字片言：指零星的文字和很短的话。形容提到的很少。

字里行间：字句之间。

字字珠玑：每个字都像珍珠一样。比喻说话、文章的词句十分优美。有时也延伸指说话或写文章言简意深，凝练有力。

咬文嚼字：过分地斟酌字句。

字斟句酌：对每字每句都仔细推敲，形容说话或写作的态度慎重。

字正腔圆：形容（说或唱）字音准确，腔调圆润。

白纸黑字：指见于书面的确凿的证据。

一字见心：看到一个字就能看到人的思想。形容书法艺术能体现出人的个性。

哲理之思

汉字与整体思维、辩证思维、具象思维和类比思维的关系，使汉字在中国传统思维方式的形成与巩固中起着重要作用。

◆汉字与整体思维。很多汉字是形、音、义的统一体。在理解汉字时，可从如下三个角度来考虑，这在一定程度上促进了中国人的整体思维。

◆汉字与辩证思维。汉字的基本笔画就是辩证思维的产物，有“横”就有“竖”；有“撇”就有“捺”。字的结构有左右结构就有上下结构；有独体字就有包围结构的字。其目的就是达到一种动态的平衡。

◆汉字与具象思维。象形字是汉字构成的基础和根本。这种文字为形象思维提供了方便的工具，使得中国人长于形象思维。

◆汉字与类比思维。古人在象形字的基础上演化出了指事、会意、形声等其他构造方式的字，这正是造字法中类比思维的本质特点。

汉字文化的现代发展

曾有一段时期，汉字遭遇一股寒流。有人认为汉字阻碍了中国人的理性思维发展，不利于现代化快速发展，主张废除汉字进而完全拼音化。

事实上，进入21世纪的中国依然用汉字，但国家综合实力大幅提升。现在世界上越来越多的国家及其民众，在与中国大量的经贸往来和技术交流中，掀起了汉语学习潮，汉字再次成为世界各国文化、经济交流领域中的主要信息传播介质。而自从五笔字型等各种计算机数字化输录方法问世以后，汉字的输录速度并不落后于任何一种拼音文字，这也证明了汉字同样适应信息时代。

2010年，联合国新闻部宣布启动联合国语言日，倡导并促进六种语言在联合国的平等使用，并将中文日定在中国农历二十四节气的“谷雨”，以纪念“中华文字始祖”仓颉造字的贡献。每年的中文日，联合国都会在纽约、日内瓦、维也纳等地举办大型国际文化活动，向人们介绍历史悠久的中国文字和丰富多彩的中国文化。

2017 年 10 月 30 日，联合国教科文组织网站发布消息，我国申报的甲骨文顺利通过联合国教科文组织世界记忆工程国际咨询委员会的评审，成功入选《世界记忆名录》。甲骨文的成功入选是提升我国世界影响力的重大事件，为汉字文化海外传播提供了重要契机。

文化感悟

随着我国在国际社会的影响力与日俱增，汉字在国际舞台越来越受到重视，会说中国话和会写中国字逐渐成为重要技能。汉字作为世界上产生较早的文字，是中华民族最伟大的发明之一，是中华民族和中华文明的显著标志，也是文化自信的重要载体和重要支撑。

你对弘扬汉字文化有什么想法？请写下你的感想。

第3课　丝绸文化

文化说略

在2018年的《国家宝藏》特展中，上海博物馆推荐的宝物之一为朱克柔缂丝《莲塘乳鸭图》。推荐理由：朱克柔缂丝《莲塘乳鸭图》是中国丝织工艺中顶级的、最奇妙的传世作品，显示了宋代文化艺术开出新的境界。

朱克柔，中国宋代缂丝工艺家。缂丝《莲塘乳鸭图》，以彩色丝线缂织而成。画幅极大，色彩丰富，丝缕细密适宜，丝丝缕缕皆匀称、分明，在现存的宋代缂丝传世作品中属上乘之作。

朱克柔留给后世缂丝创作者的不仅仅是这件卓越非凡的《莲塘乳鸭图》，更是缂丝工艺的巨大创作空间和思路，突破了缂丝工艺和绘画艺术之间的壁垒。《莲塘乳鸭图》具有里程碑意义，更是引领后继者攀登艺术之峰的旗帜。

传说远在黄帝时期，元妃始祖就开始驯养野蚕为家蚕，取蚕丝纺织。

商周时期，已出现罗、绮、锦、绣等品种。秦汉以后，丝绸生产形成了完备的技术体系。唐宋时期，随着中外文化的交流和经济重心的南移，丝绸工艺技术和生产区域都产生了重大变化。明清两代，丝绸生产趋于专业化，织物品种更为丰富，图案更加绚丽。

中华民族的祖先发明了丝绸，使其在经济、文化上均散发出灿烂光芒，丝绸在某种意义上说，代表了中国悠久灿烂的文化。

丝绸贸易推动了中外经济、文化交流上的进一步发展，形成了著名的“丝绸之路”，对外传播着中华民族的光辉文明。

五星出东方利中国

1995 年 10 月，中国—日本尼雅遗址学术考察队成员在新疆和田民丰县尼雅遗址一处墓地上进行例行考古挖掘时，发现了一个织锦护臂。织锦用宝蓝、绛红、草绿、金黄等彩线织出星云、神兽等图案，并在图案中贯穿了“五星出东方利中国”的字样。织锦色彩绚烂，纹样诡秘，意蕴神奇。

“五星出东方利中国”，是中国古代星占用辞。“五星出东方”指水、火、木、金、土五大行星在一个时期内同时出现于东方天空，即“五星连珠”或“五星聚会”现象；“五星出东方利中国”，即出现五星共见东方之天象，则于中国有利。

《五星出东方利中国》，汉代蜀地织锦护臂，为国家一级文物，中国首批禁止出国（境）展览文物，现收藏于新疆博物馆。

这一护臂织锦工艺高超，设计精美，色泽鲜艳，织文纳吉，集古代中国历史生活智慧和文化情怀为一体，历史和科研价值极大。

三大名锦

中国三大名锦分别为云锦、蜀锦、宋锦。

云锦，产地南京，可追溯至宋朝，因色泽光丽灿烂，状如天上云彩，故而得名。2006 年，云锦织造技艺被列入中国首批非物质文化遗产名录，并于 2009 年成功入选联合国《人类非物质文化遗产代表作名录》。

蜀锦，以产于蜀地而得名，历史悠久，工艺精湛，图案华美。蜀锦是古代丝绸之路的主要交易品之一。2006 年，蜀锦织造技艺被列入《中国首批非物质文化遗产名录》。

宋锦，产地苏州。宋锦色泽华丽，图案精致，质地坚柔。2006 年，宋锦织造技艺被列入中国首批非物质文化遗产名录。

云锦

蜀锦

宋锦

四大名绣

四大名绣指的是中国民族传统刺绣工艺中的苏绣、蜀绣、湘绣、粤绣。

苏绣，发源地在苏州。苏绣图案秀丽、色彩和谐、线条明快、针法活泼、绣工精细。

蜀绣，亦称“川绣”。蜀绣以软缎和彩丝为主要原料，针法种类丰富，充分发挥了手绣的特长，形成了浓厚的地方风格。

湘绣，产于湖南。湘绣主要以纯丝、硬缎、软缎、透明纱等为原料，配以各色丝线、绒线绣制而成。

粤绣，产于广东。粤绣构图装饰性强，色彩浓郁鲜艳，绣绒平整光亮、文理清晰、绒条洒脱。

苏绣

蜀绣

湘绣

粤绣

鎏金铜蚕：见证汉代丝绸之路的历史

1984 年，陕西省石泉县一位农民在河水中淘金时，意外发现了一条金光灿灿的金属“蚕”，经当时省博文物专家对其材质、形制、工艺进行分析，这件鎏金铜蚕被鉴定为汉代文物。鎏金铜蚕是汉代丝绸业和丝绸之路的重要象征和实物见证，历经两千年风雨，仍带给我们关于丝绸之路的珍贵历史信息。

鎏金铜蚕，汉代，长 5.6 厘米，腹围 1.9 厘米。首尾 9 个腹节，仰首吐丝，体态逼真，说明当时人们通过蚕桑生产已熟悉蚕的生理结构。

据《石泉县志》记载，此地古代养蚕业很兴盛。由于当时养蚕之风盛行，加之鎏金工艺的发展，因而，有条件以鎏金蚕作纪念品或殉葬品。

文化审美

丝绸是中国古老文化的象征。古代丝绸之路带给世界的不仅仅是一匹匹精美的丝绸、一件件华美的衣服，更是东方古老灿烂的文明。

◆丝绸与语言文学。在已经发现的甲骨文中，以“糸”为偏旁的有 100 多个。许慎《说文解字》所收字中有“糸”旁 260 个，“巾”旁 75 个，“衣”旁 120 多个，这些字都直接或间接与丝绸纺织有关。现代汉语中有很多源自丝绸纺织的词语，极大地丰富了我们的语言，如“锦心绣口”“锦绣河山”“锦上添花”等都用丝织物的美来形容其他事物的美好。大量文学作品也以描写蚕桑丝绸来抒发情感或反映社会现实，如李白的《陌上桑》、杜甫的《白丝行》等。

◆丝绸与书画。早在春秋战国时期，就出现了大量帛书帛画。传世唐宋绘画大多数是绢本。在中国历史上，丝绸生产场景作为常见题材频繁出现在古代美术作品中。

◆丝绸与其他装饰艺术。丝绸上的图案大量出现在瓷器、金银器、漆器等艺术品或生活用品上。

◆丝绸与民俗。丝绸民俗是中国传统文化中一个不可分割的部分，蚕神崇拜是蚕乡风俗中最重要的活动之一。

◆丝绸与生活品位。如今，丝绸之美仍在继续，丝绸仍然在装扮着我们的生活。

丝绸词语意蕴

经天纬地：取经纬相交构成整个天地之意，如今地理学上所用“经度”“纬度”即源于此。

繁花似锦：许多色彩纷繁的鲜花，好像富丽多彩的锦缎。形容美好的景色和美好的事物。

锦绣前程：比喻前途像丝绸一样美好。

破茧成蝶：指肉虫或者毛虫化为蝴蝶的过程。现在用来指重获新生，走出困境。

作茧自缚：原指蚕吐丝结茧的过程，后多用来指自我束缚、自我封闭。

丝丝入扣：织布时每条丝线都要从扣齿间穿过。比喻做得十分细致，有条不紊。

组织：原意是织物的经纬线交织的结构，后泛指按一定的宗旨和系统建立起来的集体。

史事拾微

嫘祖养蚕

嫘祖，中国远古时期人物，为轩辕黄帝的元妃。传说她发明了养蚕，史称嫘祖始蚕。据说，有一次从树上落下来的几个蚕正落在煮肉剩下的肉汤里，嫘祖用木棍往外捞，白丝缠住了木棍的头儿，捞出来的白丝拉也拉不断。嫘祖觉着稀奇，接着她又从树上摘了好多蚕，放到热水锅里，边煮边搅着，搅出一团蚕丝。

嫘祖管树上的小虫，起初叫天虫，后来叫蚕，把结成的小圆团叫茧。为了多抽些丝，她就开始养蚕，越养越多。她把细细的蚕丝拧成细线，织网扑鱼。后来，她用蚕丝织成布，代替树、叶、兽皮穿在身上。嫘祖成了蚕桑丝绸的发明者。

张骞出使西域

张骞，字子文，西汉时人，丝绸之路的开拓者。张骞出使西域指的是汉武帝为联合月氏夹击匈奴，派遣张骞联合西域各国的历史事件。张骞自请出使西域，足迹遍及天山南北和中亚等地，是中原去西域诸国的第一人。

张骞第一次出使西域，访问了西域各国和中亚等国。回长安后，张骞将其见闻向汉武帝作了详细报告。这个报告的基本内容被司马迁记录在《史记·大宛列传》

中。这是中国乃至世界上对这些地区第一次最详实可靠的记载，是世界上研究上述地区和国家古地理和历史最珍贵的资料。后来，张骞又一次出使西域，扩大了西汉王朝的政治影响，增强了相互间的了解。

这条由张骞开辟出的玉门关经天山南北路，越过葱岭，到达中亚或者更远地方的横贯东西的通道，逐渐发展成千古传颂的丝绸之路。丝绸之路以其连接的文明形态之多、跨越历史时期之长而被载入人类文明的史册。这是一条承载政治、经济、文化交流的和平之路，繁荣了 1700 多年。1877 年，德国历史地理学家希特霍芬将其命名为“丝绸之路”，因为丝绸是这条商路上最有代表性的商品。

张骞开辟丝绸之路的卓越贡献至今还被举世称道。

张骞墓，位于汉中城固县博望镇饶家营村。2014 年 6 月 22 日，在卡塔尔首都多哈举行的第 38 届世界遗产大会上，丝绸之路跨国联合申报世界文化遗产项目顺利通过投票表决，张骞墓作为“丝绸之路”遗产点之一，入选世界文化遗产名录。

恺撒的丝绸长袍

有一次，古罗马的恺撒去剧场看戏。他身上那件绚丽夺目的长袍使所有的观众目瞪口呆。大家目不转睛地盯着这件新装赞不绝口，连看戏都没有心思了。一打听，才知道那件漂亮的长袍是用中国丝绸制作的。

从那以后，古罗马逐渐成为中国丝绸外销的最大市场，中国丝绸在当时成为一种流行的时尚品，贵族均以拥有丝绸服饰而自豪。而华丽的中国丝绸同时在欧洲其他国家出了名，用中国丝绸制作的衣服，成了最时髦、最讲究的服装。丝绸被誉为最珍贵的衣料，甚至和黄金等价。人们把中国称为“赛里斯”，就是“丝绸之国”的意思。

湘绣《荷鹤图》

湘绣作为古老而传统的民间手绣技艺，具有浓郁的地方文化特色，代代相传已有两千多年的历史。《荷鹤图》为胡莲仙早期绣品。

胡莲仙（1832—1899），祖籍安徽，幼随父官居江苏吴县。自幼习苏绣，以刺绣维持生计。1898 年，胡莲仙在长沙尚德街开设自产自销的“采霞吴莲仙女红”店铺。

胡莲仙曾在曾国藩家教习女红，与湘绣画师曾寿山相逢，两人合作共同创作了《荷鹤图》。该绣品集诗、书、画、印、绣 5 种艺术为一体。画面典雅，突破了以往湘绣的大红大绿；运用湘绣中掺针的典型针法，绣品颜色的过渡不留痕迹；用线细腻，通常一根粗线被劈成 16 股，使得绣品有着画的特质又超越了画。作品的用色、针法乃至艺术性都达到了一个前所未有的高度，在湘绣史上堪称里程碑式的作品。曾有人如此评论：“一绣开先河，诗画书绣印，一梦芙蓉盛，湘绣万世名。”

1911 年，《荷鹤图》被带进世界博览会，最终以画、刺绣两项世界排名第一的总成绩，荣获意大利都灵博览会“世界卓绝奖”。

2006 年，湘绣入选第一批国家级非物质文化遗产名录。《荷鹤图》为湘绣成功进入第一批国家级非遗名录做出了特殊贡献。

《荷鹤图》，画面清丽、意境优美。作品上还绣有一首诗，内容是："素萼羞蒙别艳迟，鸟花归合（鹤）在瑶池。无情多恨何人识，月晓雨清影荫时。"此外，还绣有"采莲使女题"的落款，有一枚"情思"的印章。

诗文传情

《诗经》是中国最早的一部诗歌总集，共 311 篇。《诗经》里有不少诗篇描绘了妇女们养蚕织帛的劳动情景。《豳（bīn）风・七月》中就有好几段是叙述养蚕织帛的景况的：

春日载阳，
有鸣仓庚。
女执懿筐，
遵彼微行，
爰求柔桑。

蚕月条桑，
取彼斧斨，
以伐远扬，
猗彼女桑。
七月鸣鵙（jué），
八月载绩。
载玄载黄，
我朱孔阳，
为公子裳。

《九张机》最早见于《乐府雅词》所收宋代无名氏之词。它写活了一个纺织女子把相思之情织入图案的故事。作者从采桑到纺织，从惜别到怀远，写出了对旖旎明媚的春光无比热爱，对美满幸福的生活执著追求，勾画出一幅色彩缤纷、形象鲜明的生活画卷，给人以极大的审美享受。

一张机，采桑陌上试春衣。风晴日暖慵无力。桃花枝上，啼莺言语，不肯放人归。

两张机，行人立马意迟迟。深心未忍轻分付。回头一笑，花间归去，只恐被花知。

三张机，吴蚕已老燕雏飞。东风宴罢长洲苑，轻绡催趁，馆娃宫女，要换舞时衣。

四张机，咿哑声里暗颦眉。回梭织朵垂莲子。盘花易绾，愁心难整，脉脉乱如丝。

五张机，横纹织就沈郎诗。中心一句无人会。不言愁恨，不言憔悴，只恁寄相思。

六张机，行行都是耍花儿，花间更有双蝴蝶。停梭一晌，闲窗影里，独自看多时。

七张机，鸳鸯织就又迟疑。只恐被人轻裁剪，分飞两处，一场离恨，何计再相随。

八张机，回纹知是阿谁诗？织成一片凄凉意。行行读遍。厌厌无语，不忍更寻思。

九张机，双花双叶又双枝。薄情自古多离别。从头到底，将心萦系，穿过一条丝。

哲理之思

栽桑养蚕、缫丝织绸是中华民族的伟大创造。我国丝绸曾引领世界丝绸的生产与消费。

然而，当今纤维及合成技术的发展使得丝绸产业受到空前挑战，丝绸文化渐趋衰落。因此，重新看待丝绸，使丝绸焕发新的活力，让丝绸文化随着时代的发展不断前进，是当代丝绸文化发展面临的重要课题。

◆丝绸文化的传承与创新。传承与创新相辅相成，传承丝绸文化要继承丝绸文化中蕴含的文化精髓。创新丝绸文化既要继承传统，推出符合当代发展的“新”丝绸，又要面向世界，吸收先进的丝绸发展方式，推动丝绸文化走出国门，走向世界。

◆丝绸文化的传统与时尚。赋予丝绸文化更深的艺术内涵，既要保留中国古老的丝绸文化，也要体现当代的设计风格，使丝绸文化历久而弥新，焕发新的光彩。

◆丝绸文化的符号与价值。丝绸有象征中国的功能。杭州笕桥丝绸厂的万事利集团在 2000 年时，从随文化部参加美国的“黄河之梦”大型时装秀等活动中，发现了丝绸象征中国的功能。在联合国教科文组织举行的一场推选最能代表中国形象的会议中，丝绸以 100% 的赞同票成为“最中国”的代表。

中国丝绸文化产业创意园简介

中国丝绸文化产业创意园位于深圳市龙岗区南岭村。园区以丝绸文化为载体，以文化创意为理念，是一个集设计制作、科研创新、展示交易、旅游休闲、情景购物、青少年素质教育、互动体验等功能为一体的国家级高档丝绸与刺绣制品及其延伸产品的时尚创意园区。产品涉及丝绸服装服饰、丝绸家纺家饰、丝绸工艺礼品、桑蚕保健品等诸多领域。

中国丝绸文化产业创意园开创了将中国丝绸文化与产品经济相结合的创新展销模式，弘扬中国丝绸文化，提升丝绸产品附加值，推动中国由“丝绸大国”向“丝绸强国”的迈进。目前，这一创新模式已在全国范围内迅速推广。

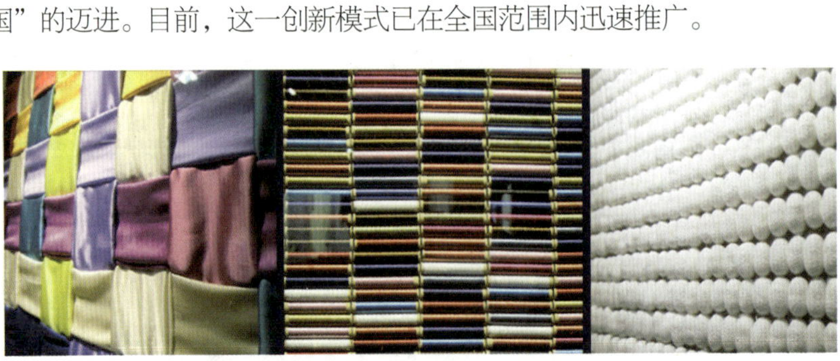

中国丝绸文化产业创意园内设有中国丝绸文化博览馆，馆内由丝绸文化、工艺、产品、艺术四大主题展厅以及刺绣文化艺术展厅构成。上图为该博览馆的展品。

文化感悟

丝绸作为中国古老文化的象征，具有极高的文化内涵和历史价值。这颗中华文明中的珍宝，值得我们每个人去继承，去传扬。

你对新时代下丝绸文化的传承与创新有什么看法？请写下你的感想。

第4课　陶瓷文化

文化说略

在2018年的《国家宝藏》特展中，有两件推荐宝物为陶瓷作品：一是故宫博物院推荐的清乾隆各种釉彩大瓶；二是湖南博物馆推荐的长沙窑青釉褐彩诗文执壶。

清乾隆各种釉彩大瓶，清代乾隆年间烧制，器身自上而下装饰的釉、彩十余种，是中国古代制瓷工艺的代表性作品，现藏北京故宫博物院。

这件各种釉彩大瓶，集各种高温和低温釉彩于一身，素有“瓷母”之美称，集中体现了当时高超的制瓷技艺，传世仅此一件，弥足珍贵。各种釉彩大瓶是对中国陶瓷艺术的提炼与整合，体现了数千年文化积淀下对自身物质文明的自信。

唐代长沙窑青釉褐彩诗文执壶，高19厘米，底径11厘米，1983年出土于湖南长沙窑窑址，现收藏于湖南省博物馆。

以诗歌为饰是长沙窑装饰的重要特征。此壶腹部题写诗歌一首：“春水春池满，春时春草生，春人饮春酒，春鸟哢（lòng）春声。”

这个执壶可以使我们感受到唐朝时人们热爱和享受生活的情趣，以及他们对人生态度的释然。

中国陶瓷

陶瓷是陶器和瓷器的总称。陶器由黏土等混合物主要经成型、干燥、烧制而成。瓷器则是用瓷土（高岭土）烧制的。

早在新石器时代早期，中国的原始居民已经创制出各种生活用的陶器。

陶瓷，是中华五千年文明的符号。中国瓷器从隋唐时期便开始向外域流传，在宋、元、明、清各代，瓷器都作为重要商品行销全国，走向世界。陶瓷是一种工艺美术，也是民俗文化，是受世界敬仰和认可的中国手工艺术品，所以中国素有“瓷国”之称，誉满全球。

中国传统陶瓷的发展，经历过一个相当漫长的历史时期。陶瓷艺术装饰形式大体可分二类：一类是写意绘画；另一类是工笔绘画。这两种绘画装饰形式都是中国绘画艺术在陶瓷产品上的呈现，但中国陶瓷装饰形成了自己特有的艺术风格。

历代陶器和瓷器装饰纹饰既有自然界的山山水水、花鸟鱼虫，又有人类自身，表现出追求人与自然的和谐统一，反映了古人对美好生活和美好事物的艺术化的追求。

宋代五大名窑

宋代五大名窑包括钧窑、汝窑、官窑、定窑、哥窑。五大名窑正式开创了烧制实用器皿与观赏器皿的“瓷器”时代。

◆钧窑窑址在今河南省禹州。钧瓷的釉色为一绝，千变万化，红、蓝、青、白、紫交相融汇，灿若云霞。

◆汝窑窑址在今河南省宝丰县清凉寺，宋时属汝州，故名。汝窑以青瓷为主，有“釉色天青色”“蟹爪纹”“香灰色胎”“芝麻挣钉”等特点。

◆宋代官窑瓷器主要为素面，最多使用凹凸直棱和弦纹为饰。胎色铁黑、釉色粉青，“紫口铁足”呈古朴典雅之美。

◆定窑窑址在今河北曲阳，在宋代属定州，故名。定窑以烧白瓷为主，瓷质细腻，质薄有光，釉色润泽如玉。

◆哥窑。传世哥窑瓷器不见于宋墓出土，其窑址也未发现。哥窑的主要特征是釉面有大大小小不规则的开裂纹片，大开片纹路呈铁黑色，称“铁线”，小开片纹路呈金黄色，称“金丝”。“金丝铁线”使釉面具有了一定的“韵律美”。

四大名陶

四大名陶，是指江苏宜兴紫砂陶、云南建水陶、广西钦州坭兴陶、重庆荣昌安富陶。

◆宜兴陶瓷已有四五千年的历史，其中紫砂陶最具特色。其造别致型、色泽古朴，在国内外享有很高声誉。紫砂陶文化的特点是将诗情画意直接刻画在紫砂陶器上，以其特浓郁的文化气息，为人们称颂和珍视。

◆建水紫陶，因产于云南建水呈赤紫色而得名。建水紫陶集书法、绘画、刻填、镶嵌、烧制、磨光等工艺于一身。

◆钦州坭兴陶盛于清朝咸丰年间，制陶工艺有“双料混炼、骨肉相融、自然素烧、烧炼出彩、陶刻纹印、陶艺造型”等。钦州坭兴陶在传统工艺的烧制过程中，不添加任何陶瓷颜料却可能产生“窑变”，堪称“中国一绝”。

◆荣昌陶器已有 800 年的历史，品种繁多。工艺陶中素烧的“泥精货”，具有天然色泽，给人以古朴淡雅之感。以各种色釉装饰的“釉子货”，质地晶莹剔透，叩声清脆悦耳，装饰大方朴质。

宜兴紫砂陶

建水紫陶

钦州坭兴陶（摄影 / 黄艳芳）

荣昌安富陶

文化审美

陶瓷文化具有明显的工艺美术特点，与此同时它也是一种民俗艺术。陶瓷文化审美以陶瓷材料及其工艺为基础。陶瓷艺术品的造型之美、釉色之美、装饰之美受到人们的喜爱。

◆造型是陶瓷鉴赏的首个要素。中国陶瓷造型在历史上出现了斗笠碗、梅瓶、玉壶春瓶、胆瓶、橄榄瓶、观音瓶等，这些造型是中华民族经过几千年的陶瓷艺术实践而沉淀下来的经典造型。

◆五颜六色的陶瓷釉色，凝聚着陶艺工匠的聪明才智。不同的釉色给人以不同的感受，陶瓷釉色以其光、色、透、洁，深深地打动着爱美之人的心。

◆装饰是陶瓷的衣服。陶瓷艺术的画面装饰以图案、色彩、工艺和创意，呈现着与造型浑然一体的风韵。无论是技术上还是在绘画上，都在表达着中国人的社会生活、世态人情与审美追求的人文精神。

元青花鬼谷子下山青花罐，使用钴料绘出四层青花纹饰：第一层为颈部的水波纹；第二层为肩部的缠枝牡丹；第三层为腹部的"鬼谷子下山"；第四层为下部的变形莲瓣纹。主题画面描述了古代著名谋略家鬼谷子下山搭救齐国名将孙膑的故事。青花纹饰呈色浓艳，画面饱满，疏密有致。人物刻画神韵十足，山石皴染笔笔精到，十分完美。

史事拾微

宁封子制陶

传说黄帝时期人们虽已懂得用火烧熟食物吃，但没有锅、盆、碗、罐等，只能把猎获的食物用火烧熟后双手抓着吃，口渴了就到河边用双手掬水喝。

一次，有个叫宁封的人把几条尖尾鱼用泥封住放进火堆里烧。后来发现封鱼的泥被烧成了一个硬外壳。宁封把泥壳拿到河边盛满水，仔细观察装在泥壳里的水点滴不漏。宁封又想，假若把泥封在其他东西上用火烧后会是什么样子呢？于是宁封立即着手尝试。他先找了些富有黏性的泥土，制成器皿的坯子，再建造一个密封的土包，把土坯放进土包里，土包下面生火烧制。三天三夜之后，宁封打开土包，拿出烧过的泥罐，看到泥罐已经被烧得变了颜色，质地非常坚硬，以手叩击发出脆响。宁封给这件新东西取了个名字——陶。

由于使用方便，陶器成为人们盛水和煮食物的器皿。黄帝知道后，任命宁封做陶正之官，也就是后来史书记载中的官窑瓷器检察官，让他把制陶的技术和经验传授给人们。鉴于其伟大的贡献，后人尊奉他为宁封子。

千年沉船“黑石号”

2017 年 5 月 14 日，国家主席习近平在“一带一路”国际合作高峰论坛开幕式上发表主旨演讲时，特意提到了在印度尼西亚海域发现的千年沉船“黑石号”，以此讲述古丝绸之路上各国交往的历史。

“黑石号”是德国打捞公司于 1998 年在印度尼西亚的勿里洞岛附近海域发现的一艘唐代沉船。这艘商船在中国装载了大量瓷器等物品，触礁沉没后在海底已经沉寂了千年之久。

从海底的“黑石号”打捞上来 6 万多件珍贵文物，其中 90% 以上为陶瓷物品，以湖南长沙窑的瓷器为主，另有河北邢窑白瓷、河南巩县白釉绿彩瓷和浙江越窑青瓷等。此外，还出水了 30 多件铜镜、30 件金银器和 18 件银锭。“黑石号”沉船展示了唐五代时期海上丝绸之路的盛况。

长沙窑瓷碗（摄影 / 丁刚）

长沙窑执壶（摄影 / 丁刚）

诗文传情

我国有不少以陶瓷为吟咏对象的诗歌。清代诗人龚鉽以记述景德镇陶瓷生产、陶瓷历史、陶瓷贸易、生产管理、民情风俗为主要内容，创作了一组百首诗歌。后来从中精选 60 首结集成书，题名曰《陶歌》，其中对陶瓷工艺的原料、成型、烧成、上釉、彩绘等都有专门描述。这部诗集涉及政治、经济、艺术、民俗、历史等，具有较高的文学和历史价值。

在中国诗歌史上，围绕某一特定对象，以组诗形式全方位展开叙述和描写的情况并不多见。

陶歌（选 4 首）

（清）龚鉽

方方窨①子滤澄泥，
古语儿童莫坏坯。
炼到极稠捶极熟，
一归模范②即佳瓷。

【注释】

①窨（yìn）子，一种封闭、土石的结构，用于储藏或紧急避难的人造空间。②模范，这里指制造器物时所用的模型。

如椽大笔用羊毫，
颠旭①能书莫漫操，
看他含泑如含墨，
一样临池起雪涛。

【注释】

①颠旭，指唐代书法家张旭。张旭嗜酒，每大醉时下笔，或以头濡墨而书，醒后自视以为神，世呼“张颠”。

大器难成比践形，
自非折挫总伶俜①。
要知先立功夫在，
不止炉中火候青。

【注释】

①伶俜（pīng）：孤独、飘泊。

白釉青花一火成，
花从釉里透分明。
可参造化先天妙，
无极由来太极生。

哲理之思

陶瓷文化展现了社会生活，在各个时期有着不同艺术风格。

新石器时代的陶塑作品，记录着先民生存的愿望，体现着文明的发展。秦兵马俑，反映了那个时代的主旋律，记录着那个时期的历史。“唐三彩”表现了唐代的国威远播、辉煌壮丽，宋代陶瓷反映了那个时代的审美风尚、哲学观念，明清时期的陶瓷斑斓而柔丽，体现了那些时代的审美观念。改革开放以后中国陶瓷文化呈现出雄俊、奔放的特点。

我国古代“五大名窑”代表了当时制瓷业的最高水平，经过了数百年精湛的制瓷技艺因为战争等原因，未能在历史文化的演变中流传下来。但我国陶瓷文化从未中断，在继承和恢复传统之上，不断改进、创新和完善相关工艺，尤其是在产品外观设计、色釉和文化创意等方面融入了现代文化，体现了陶瓷文化的薪火相传、推陈出新。目前我国已成为世界陶瓷生产第一大国。

创新发展，才能引领时代潮流。对于陶瓷文化而言，创新发展不仅是陶瓷产品、工艺的改造与提升，更有艺术与理念的创新和发展。

“国家陶瓷文化传承创新试验区”创建在景德镇启动

景德镇，别名“瓷都”，位于江西省东北部。景德镇陶瓷是中国乃至世界陶瓷工匠技艺的集大成者。景德镇瓷器造型优美、品种繁多、装饰丰富、风格独特。青花瓷、玲珑瓷、粉彩瓷、色釉瓷是景德镇传统名瓷。

2018 年 9 月，景德镇市向上级呈报了《景德镇国家陶瓷文化传承创新试验区总体方案》，旨在推动景德镇陶瓷文化建设的加速崛起、繁荣兴盛、再创辉煌。主要以保护遗存为“线”，构建以御窑厂遗址为核心的古瓷窑址保护体系，在坚持陶瓷产业发展的同时，利用景德镇丰富的陶瓷文化资源，打造世界陶瓷之城和世界陶瓷考古之城。

景德镇御窑厂国家考古遗址公园

景德镇红叶陶瓷釉中彩青花高温细白瓷系列产品，获2018美国巴拿马太平洋万国博览会金奖

文化感悟

陶瓷是中国人对世界文明的贡献之一。先民捏弄泥土，再以烈火烧制，出炉的既是器物，更是凝聚智慧的艺术品。从一件件陶瓷艺术品中，我们可以看到工艺、技术、绘画、书法、历史与民俗，还能看到陶瓷文化中的民族精神意蕴、生命情思和审美趣味。

对陶瓷文化你有什么感悟？请写下你的所思和所想。

第 5 课　玉文化

文化说略

在 2018 年的《国家宝藏》特展中，浙江省博物馆入选的国宝为《玉琮》。

玉琮，重约 6500 克，整体图案采用浅浮雕和线刻技法雕琢而成。琮是良渚玉器中最神秘又最富代表性的器物，其功用说法不一，多数学者认为它用于祭祀。

此玉琮是目前发现的良渚玉琮中最大、最重、做工最精美的一件，通称“琮王”。良渚玉琮力证五千年中华文明，刻于其上的纹饰显示了那个时代高超的技艺。

玉，是一种质地细密、温润光洁的“美石”，以玉制成的物品称为玉器。以玉器的各种形式、蕴含、观赏、寓意和审美所形成的独特文化及文化现象，被称为玉文化。

中国玉文化的起源可以上溯至新石器时代中晚期。六七千年前，中国先祖就开始开发利用玉石。玉器蕴藏着深刻的中国传统哲学思想和人生理想，有着深厚的文化底蕴。

玉文化的演变

中国玉文化发展历程大体经历了神玉、官玉、民玉三大历史阶段。

第一，神玉时期。在古代，人们认为玉是人与神明沟通的载体，因此，人们把玉制成了礼器用来进行各种各样的祭祀、祈福。玉被视为圣物，受到人们的尊崇和膜拜。汉代时，人们认为玉能使尸身不腐，所以玉器被用于丧葬，如玉衣、玉握和琀蝉等。

第二，官玉时期。从春秋到汉初，玉被看成是官员或上层阶级的标志，体现等级差别。比如从秦朝开始，皇帝以玉为玺，一直沿袭到清朝；又如唐代，明确规定了官员用玉的制度，三品以上的官员可按官级被授予不同玉质的玉带，玉成为官阶的象征。

第三，民玉时期。唐代开始，玉逐步进入了实用器的阶段，玉器也逐渐在民间流传，而不再是王权贵族的专属。元代至清代是我国玉文化发展的高峰，人们不再仅仅停留在对玉器的欣赏上，还把玉作为收藏品。当然，元代至清代真正拥有玉的也只能是达官显贵或巨贾。直到 20 世纪 80 年代初，玉才结束了几千年来被垄断和管制的状态，真正走入了寻常百姓家。

中国四大名玉

中国四大名玉指和田玉、蓝田玉、独山玉和岫玉。

◆秦始皇统一中国时，和田玉被称为“昆山之玉”“于阗玉”。直到设立和田直隶州时，才被正式命名为“和田玉”。 和田玉并非特指新疆和田地区出产的玉，而是一类产品的名称。我国把透闪石成分占 98% 以上的石头都命名为和田玉。

◆蓝田玉主要产于陕西蓝田。历代文人墨客对蓝田玉多有赞誉，唐朝诗人李商隐的一句诗：“沧海月明珠有泪，蓝田日暖玉生烟”，更是成就了蓝田玉的千古美名。蓝田玉质地坚硬，色彩斑斓，光泽温润，纹理细密，往往一玉多色，乳白、青、黄、红诸色错杂，是制作工艺美术品的良好原料。

◆独山玉主要产于河南省南阳的独山。独山玉质地坚韧，细腻柔润，色泽斑驳陆离，有绿、白、黄、紫、红、白 6 种色素 77 个色彩类型。早在 6000 年以前，古人已开采独山玉，安阳殷墟妇好墓出土的玉器中，有不少独山玉的制品。西汉时曾称独山为“玉山”。

◆岫玉主要产于辽宁省鞍山市岫岩满族自治县。岫玉质地温润、细腻、性坚、透明度好，且为历代所重视。

和田玉

蓝田玉

独山玉

岫玉

制玉大师陆子冈

陆子冈是明嘉靖、万历年间活跃于苏州的著名玉雕艺术家，是中国玉雕史上最负盛名的艺术大师，也是中国玉文化史上第一个坚持把自己的名字留在作品上的人。他一生创作了众多玉雕作品，把中国玉雕工艺提高到了一个新的艺术境界。

陆子冈所制玉器贴近生活、规整清雅、线条流畅、琢磨工细。他使雕刻技艺达到了高超精美的程度，成为当时名闻朝野的玉器雕刻大师。

陆子冈完成一件成品都要在不显眼处刻上“子冈”二字，这在当时属于一种“大胆放肆”的行为。

陆子冈制玉挂件中的长方形牌被称为“子冈牌”。这种长方形玉牌以精湛的浮雕工艺将书法、绘画融入其中，成为颂咏山水、寄吟情怀之物。

子冈牌洁白无瑕，温润细腻，精细的雕工和精美的玉质融为一体。

我国古代玉带使用制度

玉带，即饰玉的腰带。唐代按玉带銙的佩戴形式来体现官位，其制度化是中国封建社会历史上的首创。作为古代官场礼服的重要组成部分，玉带在正式的冠服制度体系中具有等级、礼仪功能。《新唐书》记载三品以上的官员才可以用玉带。

唐代至明代，对玉带使用有严格规定，以带板的质地、纹饰、銙数不同来表示官员品级的高低。清代开始，官方玉带使用制度被废除，但玉带仍作为一种装饰品盛行于民间。

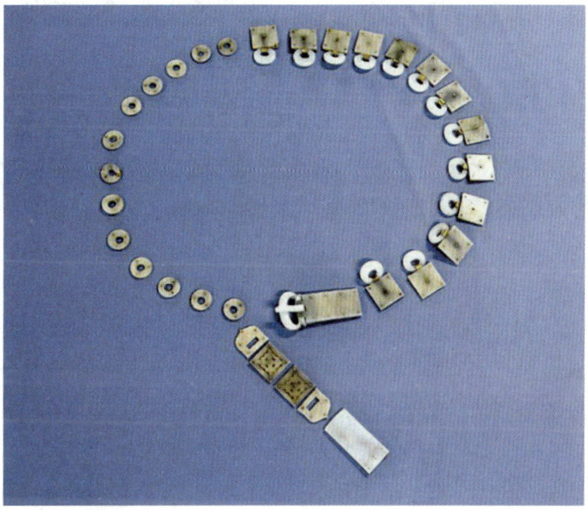

2013 年 3 月，扬州曹庄隋炀帝墓出土了蹀躞（dié xiè）金玉带，这是目前国内出土的最完整的十三环蹀躞带，也是古代带具系统最高等级的实物。

中国四大国宝级翡翠

中国四大国宝级翡翠分别被命名为《含香聚瑞》《群芳览胜》《岱岳奇观》和《四海腾欢》，现陈列于北京中国工艺美术馆。

这四大翡翠作品是由北京玉器厂在 20 世纪 80 年代以近 40 名玉雕大师利用四块大型翡翠原料，耗时六年时间精雕细刻而成。

《含香聚瑞》花熏的主体是以两个半圆合成的圆球体，综合体现了中国当代琢玉技艺的水平。

《群芳览胜》花篮，其中满插牡丹、菊花、月季、山茶等四季香花。

《岱岳奇观》以珍贵的翠绿充分表现泰山正面的景色，突出了十八盘、玉皇顶、云步桥等奇景，凸显了泰山的雄伟气势。

《四海腾欢》插屏的整个画面以中国传统题材中的龙为主题，9 条翠绿色巨龙，在白茫茫的云海里恣意翻滚，气势磅礴，是当今世界最高大的一个翡翠插屏。

含香聚瑞

群芳览胜

岱岳奇观

四海腾欢

文化审美

谦谦君子，温润如玉。玉石，是高贵和纯洁的象征。自古以来，人的美好品德常与玉的温润光洁联系在一起。玉的美可以从以下几个方面体味：

◆玉质之美。玉以质地细腻、致密、纯净为特征。“美玉无瑕”“冰清玉洁”“洁白如玉”正是对玉石质地的赞誉。

◆玉性之美。玉石能够保存千年不变，玉的韧性和耐磨性使其呈现出温、厚、细、润、凝的特性。君子如玉，玉的坚韧、温和、细腻和人性有着极大的一致性。“温润如玉”“洁身如玉”，是赞美人的品德的代名词。

◆玉色之美。玉的色彩十分丰富，白如凝脂、绿若翠羽、黄如蒸栗、赤如鸡冠、黑如纯漆。

◆玉德之美。古籍中玉有五德、九德、十一德等多种学说。归纳起来就是“比德于玉”及“君子无故，玉不去身”等。玉德之美，在德行与灵性，做人有着玉的温润、玉的细腻，也有着玉的淡定和从容。

◆玉琢之美。指玉器的艺术美。

“皇后之玺”欣赏

陕西省历史博物馆收藏的一枚“皇后之玺”，是汉代吕后之物，是迄今为止发现的两汉时期唯一的一枚帝后玉玺。

“皇后之玺”高 2 厘米，边长 2.8 厘米，重 33 克，以新疆和田羊脂白玉雕成。玉色纯净无瑕，晶莹润泽。玉质坚硬致密。玺体为正方形，钮为高浮雕的螭虎。螭虎形象凶猛，体态矫健，四肢有力，双目圆睁，眼球圆而凸出，隆鼻方唇，张口露齿，双耳后耸，尾部藏于云纹之中。背部阴刻出一条较粗的随体摆动的曲线，6 颗上齿也以阴线雕琢。玺面阴刻篆书“皇后之玺”4 字，字体结构严谨大方，笔画粗细均匀。

史事拾微

孔子“比德于玉”

原文：子贡问于孔子曰：“敢问君子贵玉而贱碈者，何也？为玉之寡而碈之多与？”孔子曰：“非为碈之多故贱之也，玉之寡故贵之也。夫昔者君子比德于玉焉：温润而泽，仁也；缜密以栗，知也；廉而不刿（guì），义也；垂之如坠，礼也；叩之，其声清越以长，其终诎（qū）然，乐也；瑕不掩瑜，瑜不掩瑕，忠也；孚尹旁达，信也；气如白虹，天也；精神见于山川，地也；圭璋特达，德也。天下莫不贵者，道也。诗云：‘言念君子，温其如玉。’故君子贵之也。”——《礼记·聘义》

翻译：子贡向孔子请教说：“请问君子贵重玉而轻贱似玉的美石，这是为什么呢？是因为玉很少而美石很多吗？”孔子说：“并不是因为美石多所以才轻美石，也不是因为玉少所以才重玉。是因为从前君子把美德和玉相配比的：玉的温润而光泽，就是仁；玉的致密坚实，就是智；玉的棱角方正而不伤人，就是义；玉的沉重欲坠，就是礼；玉的敲击，声音清越悠长，终了戛然而止，就是乐；玉的瑕不掩瑜，瑜不掩瑕，就是忠；玉的色彩四溢，就是信；玉的气质如白虹，就是天；玉的精神体现在山川，就是地；玉制的圭璋用于礼仪，就是德。天下没有不重玉的，就是这个道理。《诗经》中说：‘想念那位君子，他的温柔如玉。’所以君子就重玉。”——《礼记·聘义》

“玉痴”乾隆

古代帝王多喜爱玉器，清代的乾隆皇帝喜爱玉器超过历代帝王。我国玉器制作之所以在清代能够达到顶峰，与乾隆有着密不可分的关系。清宫遗留的古代玉器，大多为乾隆时期收集的。

乾隆得到一件珍贵的玉器就题诗吟咏。据不完全统计，他的咏玉诗有近八百首。

乾隆给皇子们起名字都和“玉”有关。

乾隆对于宫廷玉器制作给予了极大的关注，亲自过问玉器的生产，并制定对玉工的惩罚办法。重要的器物，他还对画稿以及最后的装饰、摆设等，一一审查，亲自指示。乾隆去世后，国力迅速衰落，对玉器的需求大大减少，玉器制造开始走入低谷。

苏州工匠利用废玉料琢成的“桐荫仕女图”，是一件表现江南庭园景色的巧夺天工的作品。乾隆非常欣赏这件作品，在底部刻文：“和阗贡玉，规其中作椀，吴工就余材琢成是图，既无弃物，又完璞玉。御识。”及诗：“相材取椀料，就质琢图形。剩水残山境，桐檐蕉轴庭。女郎相顾问，匠氏运心灵。义重无弃物，赢他泣楚廷。”。

卞和献玉

楚国的卞和在楚山中得到一块未经雕琢的璞玉，拿去献给楚国国君厉王。厉王叫玉匠鉴别。玉匠说：“这是一块普通的石头呀！”厉王认为卞和是个骗子，把卞和的左脚砍掉了。

楚厉王死了以后，武王当了楚国的国君。卞和又把那块璞玉献给武王。武王叫玉匠鉴定。玉匠又说：“这是一块普通的石头啊！”武王也认为卞和是个骗子，把卞和的右脚砍掉了。

武王死了以后，文王继承了王位。卞和于是抱着璞玉在楚山脚下痛哭了几天几夜，眼泪哭干了，连血也哭出来了。文王听到这事，便派人去问卞和：“天下被砍掉双脚的人多得很，为什么唯独你哭得这样伤心呢？”

卞和回答说：“我并不是伤心自己的脚被砍掉了，我所悲痛的是宝玉竟被说成普通的石头，忠诚的好人被当成骗子，这才是我最伤心的原因啊。”

文王便命人剖玉察看，证实那果然是一块举世无双的美玉。于是把这块美玉琢成玉璧，为了肯定卞和献玉有功，遂以卞和之名命名此璧为“和氏璧”。

完璧归赵

赵惠文王时，赵国得到楚国的和氏璧。秦昭襄王听说了这件事，派人给赵王送了一封信，说愿意用十五座城给赵国，请求换取和氏璧。

赵王召见蔺相如，派他带着和氏璧向西进入秦国呈献给秦王。秦王非常高兴，把和氏璧传给其他人员看，群臣都称赞不已。蔺相如看出秦王没有把城池给赵国的意思，就上前说：“璧上有点毛病，请让我指给大王看。”秦王把和氏璧交给蔺相如。这时，蔺相如捧着璧退了几步站住，背靠着柱子。他对秦王说：“我看大王无意补偿给赵国十五座城，所以又把它取回来。大王一定要逼迫我，我的头现在就与和氏璧一起撞碎在柱子上！”

秦王怕他撞碎和氏璧，就婉言道歉，坚决请求他不要把和氏璧撞碎，并召唤负责的官吏察看地图，指点着说要把从这里到那里的十五座城划归赵国。

蔺相如估计秦王只不过是以欺诈的手段假装把城划给赵国，就对秦王说：“和氏璧是天下公认的宝贝，大王也应斋戒五天，在朝堂上设‘九宾’之礼，我才敢献上和氏璧。”秦王答应斋戒五天，把蔺相如也安置了下来。蔺相如估计秦王必定违背信约，就让随从穿着粗布衣服，怀揣那块璧，从小道逃走，把它送回了赵都。

过了五天，秦王召集大臣在朝堂之上举行接受和氏璧的仪式。蔺相如不慌不忙地走上殿，向秦王行了礼，镇静地说：“大王真要那块璧的话，请先把那十五座城割让给赵国，然后再让使者跟我一起到赵国去取玉璧。赵国得到了十五座城以后，便会把璧交出来。”秦王听蔺相如说得振振有辞，不好翻脸，只得说：“不过是一块璧，不应该为这件事伤了两家的和气。”结果，还是让蔺相如回赵国去了。蔺相如回到赵国，赵王认为他完成了使命，就提拔他为上大夫。

诗文传情

兰陵王·咏玉

（清）戈载

胜华月，色润姿丰傲骨。晶莹透，如水容颜，脱俗彰显惹春没。凌霜独秀括，长悦，青云步阔。烟尘处，飒爽彩来，叠翠堆银几人越。

轩昂朗星歇，又倾鹤群处，今古同说。淡妆浓抹总宜洁，拼一身清爽，流芳万世。羞与松竹比低劣，自在，任评阅。

晖接，品如雪。叶落有闲时，且看风猎。从容淡定冰清澈，韵映青山碧。谦谦通达，后人继。莫輕绝[①]，亮高节。

【注释】

①輕（qīng），古同“轻”。

题郑宁夫玉轩诗卷

（宋）戴复古

良玉假雕琢，好诗费吟哦。诗句果如玉，沈谢不足多。

玉声贵清越，玉色爱纯粹。作诗亦如之，要在工夫至。

辨玉先辨石，论诗先论格。诗家体固多，文章有正脉。

细观玉轩吟，一生良苦心。雕琢复雕琢，片玉万黄金。

与“玉”有关的成语

玉不琢，不成器：玉石不经雕琢，成不了有用的器物。比喻人不受教育、不学习就不能懂得道理。

化干戈为玉帛：玉帛，即玉和丝织品，二者皆为上品，在此引申为重修于好、礼尚往来。干戈，即兵器，借指战争或者争斗，比喻使战争转变为和平、友好。

宁为玉碎，不为瓦全：意为宁做玉器被打碎，不做瓦器而保全。比喻宁愿为正义事业牺牲，不愿丧失气节，苟且偷生。

冰清玉洁：比喻人的操行清白（多用于女子）。

守身如玉：保持贞操，像玉一样洁白无瑕。也泛指爱护自己的身体。

玉振金声：比喻才学精妙，声名远扬。

抛砖引玉：意思是抛出砖去，引回玉来。比喻用自己不成熟的意见或作品引出别人更好的意见或作品。

亭亭玉立：多形容女子身材修长或花木等形体挺拔多姿。

玉树临风：形容人像玉树一样潇洒，秀美多姿（多指男子）。

哲理之思

◆人与玉。玉不仅珍贵，还包含着人们对生活的期望与理解，玉还是财富的象征。这正是中国人对器物的特别理解。尤其是把玉的自然特性比附于人的道德品质，形成“玉德”而加以歌颂，更是中华民族的一大创造。古代“人养玉，玉养人”的说法，更是通俗地诠释了玉与人的关系。

◆瑕与瑜。瑕，指玉上面的斑点；瑜，指美玉的光泽。玉中有瑕疵很正常，再美的玉都会有缺憾。在赏玉和品玉过程中，应杜绝求全责备的态度。瑕不掩瑜，为人处世中，应有这样的见识与气度。

◆形与神。玉雕艺术追求神韵。神，指玉器的气质、精神。形，是外表；神，是实质。一件形神兼备的玉雕作品，才有巨大的穿透力，才有打动人心的力量。

◆传承与发扬。中国玉文化历经几千年而经久不衰。但目前玉雕产品的题材选择、工艺等方面大多是追寻历史的单线传承，反映新时代精神的新造型、新特点、新用途的玉雕作品还比较少。传承与创新是中国玉文化需要解决的紧迫课题。

弘扬玉文化：中华玉文化博物馆

中华玉文化博物馆又称中华玉文化中心，位于河南省镇平县石佛寺镇。博物馆共分六个展区：

第一展区为玉史长廊，详细介绍了玉在中华文明史上所处的历史地位、玉器的种类和用途、玉与健康、玉与美容等知识。

第二展区为玉作坊，以泥塑和图片的形式生动地再现了从古到今不同时期的玉雕加工的工艺流程。

第三展区为玉石大观，陈列了 100 多种 300 多块、来自 40 多个国家和地区的优质玉料。

第四展区为大师榜，展现了烈裔、陆子冈、仵永甲等制玉名人的风采。

第五展区是精品苑，琳琅满目的玉镯、玉戒、玉佩，集欣赏、收藏、实用为一体的酒具、茶具、玉枕、玉席等，充分体现了玉雕工艺的精湛。

第六展区为百玉图，搜集的“百玉图”和“玉词集”汇集了王羲之、柳公权、赵孟頫、颜真卿、岳飞、苏轼、毛泽东等古今百名书法家的“玉”字和带“玉”的诗词。

中华玉文化博物馆全面展示了中华玉文化的灿烂历史及其内涵，也展示了玉文化对中国政治、经济、文化等多方面的影响，详尽介绍了玉器与人类生活的关系及玉雕产业发展的现状等，堪称一部中华玉文化的百科全书，是全国规模最大的玉文化博物馆。

文化感悟

对玉文化你有哪些体会？请写下你的感想。

第6课 茶文化

文化说略

中国是茶的故乡，也是茶文化的发源地，茶的发现和利用已有四千七百多年历史。西周时期就有人工栽培的茶园，秦汉时期形成了饮茶风俗和茶叶市场，隋唐时期全民普遍饮茶，茶业昌盛，甚至茶宴、茶会，提倡客来敬茶。宋元时期茶区继续扩大，种茶、制茶、点茶技艺精进。明清时期饮茶方法从点茶发展成泡茶，茶具越来越讲究，客来敬茶、以茶待客风气更为普及，曲艺进入茶馆，茶叶贸易发展较快。

茶有健身之效，又富情趣，可陶冶情操。历代文人雅士创作了很多茶诗。

茶文化包括茶道、茶德、茶联、茶书、茶具、茶画、茶学、茶故事等。茶文化在形成和发展中，融入了儒家思想、道家和释家哲学，成为优秀传统文化的组成部分和独具特色的一种文化模式。

茶山

茶叶与茶汤

酥油茶

油茶

茶的分类

根据茶叶发酵程度的不同，可以分为六大茶类，即绿茶、红茶、青茶、黄茶、黑茶和白茶。六大茶类的制作方法不同，其滋味、口感、色泽、香气等都不尽相同。

绿茶属于不发酵茶，特点是清汤绿叶，干茶颜色为碧绿、翠绿或黄绿。代表茶主要有西湖龙井、碧螺春、黄山毛峰等。

红茶属全发酵茶，特点是红汤红叶，干茶冲泡后的茶汤和叶底色呈红色。代表茶主要有祁茶、滇红、宁红、宜红等。

青茶（乌龙茶）属于半发酵茶，既有绿茶的清香，又有红茶的浓郁。代表茶主要有大红袍、铁观音、凤凰单丛等。

黄茶属于轻微发酵茶，特点是“黄汤黄叶”，这得益于其独特的制作工艺。代表茶主要有君山银针、黄芽等。

黑茶属于后发酵茶，特点是原料粗老，色泽黑褐油润，香气纯正，汤色橙红明亮，滋味醇厚。代表茶主要有黑毛茶、普洱茶、六堡茶等。

白茶属微发酵茶，特点是绿叶红筋，外形芽毫完整，满身披毫，汤色黄绿清澈，滋味清淡回甘。代表茶主要有银针白毫、白牡丹、寿眉等。

茶艺与茶道

茶艺指在茶事活动中以茶叶为中心的全部操作形式的总称，包括选茗、择水、烹茶技术、茶具艺术、环境创造等，是制茶、烹茶、品茶之术。

茶道指茶事活动中融入哲理、伦理、道德，通过品茗来修身养性、品味人生，达到精神上的享受。茶道由茶礼、茶规、茶法、茶技、茶艺、茶心构成。

茶艺重点在“艺”，重在习茶艺术，以获得审美享受；茶道重点在“道”，旨在通过茶艺修心养性、参悟大道。有道而无艺，那是空洞的理论；有艺而无道，艺则无神。

茶艺与茶道结合，艺中有道，道中有艺，是物质与精神高度统一的结果。

茶与丝绸之路

茶与丝绸、陶瓷等中国特色物产一起，被带到世界各地，融于当地的生活，影响着世界文明的进程。

据历史记载，早在汉代时期，蜀地商人就走出了一条南方丝绸之路。事实上，南方丝绸之路除了丝绸，更多以茶叶、马匹等贸易为主，故也被叫作“丝茶之路”。茶叶作为大宗商品通过蜿蜒曲折的陆路和碧波万顷的海路被运至西亚乃至欧洲地区。在某种程度上，丝绸之路同样是一条“茶叶之路”。

中国的饮茶习俗传到国外以后，变得更加多样。中国茶文化东传日本和朝鲜半岛，结出了日本茶道和韩国茶礼两大丰硕之果。东南亚如马来西亚、新加坡等国家受汉文化影响较深，习惯冲泡乌龙、普洱、花茶。茶文化传播到欧洲的英国，喝下午茶已经成为英国人的一种生活习惯。当今世界的饮茶风俗，因民族传统、地域民情和生活方式的不同而各有所异，然而“客来敬茶”却是很多地区的共同礼俗。

“茶僧”皎然

僧皎然，俗姓谢，字清昼。皎然对佛学、道学、茶事、茶理、茶道都有深刻研究，他帮助茶圣陆羽完成了世界茶叶史上的经典巨作——《茶经》。

他首次把“饮茶之道、饮茶修道、饮茶即道”完整、系统地通过茶诗阐述出来，而且首次界定了“茶道”的概念，他把佛家的顿悟、道家的修炼、儒家的礼法等有机结合后融入了“茶道”之中。

皎然积极推广以茶代酒、以茶为饮之风。他在《九日与陆处士羽饮茶》一诗中写道：“九日山僧院，东篱菊也黄；俗人多泛酒，谁解助茶香。”诗中言俗人尚好酒，雅者识茶香。

皎然开创了茶文学，写有二十多首茶诗，对采茶、制茶、煮茶、品茶、茶的功效等做了描绘，对茶之水、茶之具、茶之饮等都有开创性的见解，对茶叶生产的环境、管理、气候、采摘、品质、煎饮等研究得较为深入。

苏轼与茶

苏轼，字子瞻，号东坡居士，“唐宋八大家”之一。苏轼忧国忧民，寄情茶道。他把茶比为“佳人”“仙草”“志向”，视茶为自己的好友。连夜办公要喝茶，写词咏诗要喝茶，睡前梦醒也要喝茶。他通过品茶来体悟人生，并努力从中寻求心灵的解脱。

苏轼非常讲究饮茶，有“饮茶三绝”之说，即茶美、水美、壶美。他烹茶有自己独特的方法，认为“活水还须活火烹”。在《试院煎茶》一诗中，他对烹茶用水的温度作了形象的描述，以沸水的气泡形态和声音来判断水的沸腾程度。俗话说：“水为茶之母，壶是茶之父”，苏东坡对烹茶用具也很讲究，认为“铜腥铁涩不宜泉”，最好用石烧水。他深知茶的功用，曾在《仇池笔记》中的《论茶》一则中介绍，茶可除烦去腻，用茶漱口，能使牙齿坚密。苏轼一生嗜茶，咏茶诗词有 70 余篇。

据说，苏轼在宜兴时，亲自设计了一种提梁式紫砂壶。烹茶审味，怡然自得，题有“松风竹炉，提壶相呼”的诗句。后人为了纪念他，把这种壶式命名为“东坡壶”。

文化审美

◆茶叶之美。我国各类茶叶外观形态各有千秋，呈现着显毫、匀齐、紧结、圆结等茶形之美；茶叶的色泽有质感，干茶的茶色、叶底的颜色以及茶汤的汤色，呈现出茶色之美；茶有百味，鲜爽、浓烈、鲜醇、回甘等正是茶味之美。

◆茶器之美。瓷器冷艳高贵，陶器拙朴敦厚，木器自然清新。茶器的选择，要考虑茶品、冲泡手法、季节和时辰等，茶与茶器，缺少了谁都会产生缺憾。缺少了茶的滋润，茶器就像是缺少了灵魂；缺少茶器的辅助，茶的韵味就逊色了许多。

◆茶事之美。喝茶，其实是一种生活方式。一人得幽，二人得趣，三人得品，各有所得，茶事之美在于悟。茶叶一卷一舒，人生顺逆相倚，茶味有苦有甘，人生忧喜相伴，壶杯有溢有空，人生得失共存。

◆茶道之美。中国茶道美学有着深厚的文化积淀，融合了儒、道、佛三家的美学思想，讲究自然、淡泊、简约、虚静、含蓄等。

中国茶文化中一个特有的现象是茶与书、画、戏曲等艺术形式结缘很深，这拓展了茶文化的审美宽度和深度。

关于茶的艺术作品欣赏

关于茶的中国文学作品不胜枚举，仅古诗词一项，总数便在2000首以上；关于茶的散文、小品文、书信等很多，著名的有柳宗元《为武中丞谢赐新茶表》、唐庚《斗茶记》等；著名的书法作品有苏轼《啜茶帖》、金农《玉川子嗜茶帖》等；著名的茶画则有周昉《调琴啜茗图》等。

明代画家文徵明的《惠山茶会图》，收藏于故宫博物院。图中描绘了文徵明和几位诗友在有“天下第二泉”之称的无锡惠山泉品茗的故事。众人或坐于泉亭之下，或列鼎煮茶，或山径信步，松树下茶灶正煮着水，茶桌上摆放着各种精致茶具。中国文人至爱的高山、流泉、古松、友谊，尽在以茶会友中。

史事拾微

茶马古道

茶马古道起源于唐宋时期的“茶马互市”。藏、川、滇边地出产的骡马、毛皮、药材等和川、滇及内地出产的茶叶、布匹、盐和日用器皿等，在横断山区的高山深谷间进行着货物流动并随着社会经济的发展而日趋繁荣，形成一条延续至今的“茶马古道”。茶马古道是以马帮为主的民间商贸通道，是中国西南民族经济文化交流的走廊。茶马古道分川藏线、滇藏线两路。

2013 年 3 月 5 日，茶马古道被国务院列为第七批全国重点文物保护单位。

《茶经》

《茶经》是中国乃至世界现存最早、最完整、最全面的介绍茶的专著，被誉为茶叶百科全书，唐代陆羽所著。陆羽一生嗜茶，精于茶道，他对茶叶有浓厚的兴趣并长期进行调查研究，熟悉茶树栽培、育种和加工技术，并擅长品茗。

《茶经》综合阐述了茶叶生产的历史、源流、生产技术以及饮茶技艺、茶道原理，还将普通茶事升格为文化艺能，推动了中国茶文化的发展。

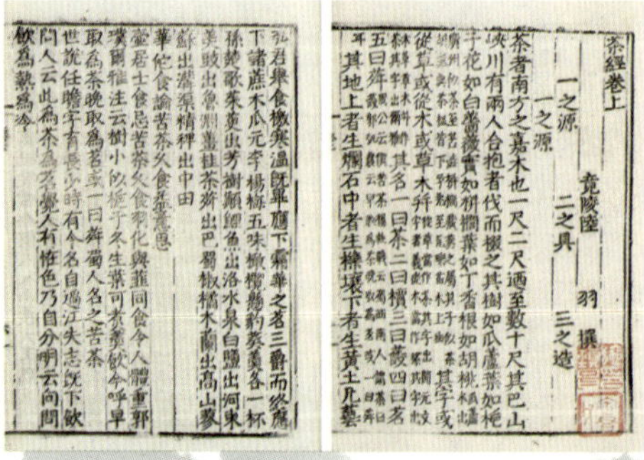

弘君舉食檄寒溫既畢應下霜華之茗三爵而終應下諸蔗木瓜元李楊梅五味橄欖懸豹葵羹各一杯
孫楚歌茱萸出芳樹顛鯉魚出洛水泉白鹽出河東美豉出魯淵薑桂茶荈出巴蜀椒橘木蘭出高山蓼蘇出溝渠精稗出中田
華佗食論苦茶久食益意思
壺居士食忌苦茶久食羽化與韭同食令人體重
郭璞爾雅注云樹小似梔子冬生葉可煮羹飲今呼早取為茶晚取為茗或一曰荈蜀人名之苦茶
世說任瞻字育長少時有令名自過江失志既下飲問人云此為茶為茗覺人有怪色乃自分明云向問飲為熱為冷

茶經卷上
竟陵陸羽撰
一之源 二之具 三之造
一之源
茶者南方之嘉木也一尺二尺迺至數十尺其巴山峽川有兩人合抱者伐而掇之其樹如瓜蘆葉如梔子花如白薔薇實如栟櫚葉如丁香根如胡桃……其字或從草或從木或草木并……其名一曰茶二曰檟三曰蔎四曰茗五曰荈……其地上者生爛石中者生櫟壤下者生黃土凡藝

陆羽前后历时二十六年，才最终完成研究茶的巨作《茶经》。

《茶经》主要内容和结构：一之源；二之具；三之造；四之器；五之煮；六之饮；七之事；八之出；九之略；十之图。

《红楼梦》与茶

《红楼梦》是我国四大古典名著之一。据著名红学家周汝昌先生的考证，《红楼梦》全书中，写到茶道的地方多达 279 处，吟咏茶道的诗词楹联 23 处，与“茶”相关的字词出现频率高达 1520 余次。

在这部经典巨著中，茶成了反映人物生活状况、性格特征的重要载体，比如黛玉初进贾府晚餐时的用茶、栊翠庵品茶、凤姐打趣黛玉吃茶等情节，把茶与人物塑造、情节建构等汇于一体，通过茶写尽人世间的“悲欢离合”。书中多次提到的龙井茶、六安茶、普洱茶、女儿茶、枫露茶等名茶，不仅反映出各种茶的功用与价值，还杜撰出“千红一窟（哭）茶”，寓示着《红楼梦》的悲剧结局。

寂然饭毕，各有丫鬟用小茶盘捧上茶来。当日林如海教女以惜福养身，云饭后务待饭粒咽尽，过一时再吃茶，方不伤脾胃。今黛玉见了这里许多事情不合家中之式，不得不随的，少不得一一改过来，因而接了茶。早见人又捧过漱盂来，黛玉也照样漱了口。盥手毕，又捧上茶来，这方是吃的茶。

——节选自《红楼梦》第三回

妙玉将前番自己常日吃茶的那只绿玉斗来斟与宝玉。宝玉笑道：“常言‘世法平等’，他两个就用那样古玩奇珍，我就是个俗器了。”妙玉道：“这是俗器？不是我说狂话，只怕你家里未必找的出这么一个俗器来呢。”

——节选自《红楼梦》第四十一回

凤姐打发丫头送了两瓶暹罗进贡来的茶叶给黛玉。两天后凤姐又见到黛玉，问她茶叶怎么样？黛玉说："吃着很好。"凤姐就趁机笑着说："你既吃了我们家的茶，怎么还不给我们家作媳妇？"众人听了一齐都笑起来。林黛玉红了脸，一声儿不言语，便回过头去了。

——节选自《红楼梦》第二十五回

诗文传情

茶　诗

（五代）郑遨

嫩芽香且灵，吾谓草中英。夜臼和烟捣，寒炉对雪烹。

惟忧碧粉散，常见绿花生。①最是堪珍重，能令睡思清。

【注释】

①只是担心茶叶在壶里煮成绿色的粉末，却常常看见茶叶在水里舒展开来像绿色的花。

一字至七字诗·茶

（唐）元稹

茶，

香叶，嫩芽，

慕诗客，爱僧家。

碾雕白玉①，罗织红纱②。

铫③煎黄蕊色，碗转曲尘花④。

夜后邀陪明月，晨前命对朝霞。

洗尽古今人不倦，将至醉后岂堪夸③。

【注释】

①茶碾是白玉雕成的。②茶筛是红纱制成的。③铫（diào）：煎茶器具。④曲尘花：指茶汤上面的浮沫。

采茶词

（明）高启

雷过溪山碧云暖，幽丛半吐枪旗①短。
银钗女儿相应歌，筐中摘得谁最多？
归来清香犹在手，高品先将呈太守。
竹炉新焙未得尝，笼盛贩与湖南商。
山家不解种禾黍，衣食年年在春雨。

【注释】

①枪旗：茶初生，一小芽如枪，一小叶如旗，故名。

哲理之思

◆茶文化是物质与精神的结合。茶作为一种物质，它的形体是千姿百态的；茶作为一种文化，又有着深邃的内涵，尤其茶德是中国茶道思想的灵魂。

◆茶文化是实用功能与审美情趣的结合。茶文学艺术作品、茶艺、茶道、茶礼等，能满足人们的生活所需，既是艺术的展示又是民俗的体现。茶文化发展至现代，茶的社会功能更加突出，主要表现在以茶会友、以茶养性、以茶作诗、以茶作画、以茶献艺等。

◆茶文化是实用与娱乐的结合。茶文化活动，促使人们以健康、向上及平和的心态，追求美好生活。

◆茶文化是高雅与通俗的结合。与茶有关的诗词、歌舞、戏曲、书画、雕塑，体现了茶文化的高雅性，民间的饮茶习俗及由此产生的有关茶的民间故事、传说、谚语等，体现了茶文化的通俗性。

茶的哲理故事

一个屡屡失意的年轻人慕名寻到老僧释圆，沮丧地说："像我这样的人，活着也是苟且，有什么用呢？"释圆听后什么也不说，只是吩咐小和尚："施主远途而来，烧一壶温水送过来。"一会儿，小和尚送来了一壶温水，释圆抓了一把茶叶放进杯子里，然后用温水沏了，放在年轻人面前说："施主，请用茶。"

年轻人呷了两口，摇摇头说："这是什么茶？一点儿茶香也没有呀。"释圆笑笑说："这是名茶铁观音啊，怎么会没有茶香？"

释圆又吩咐小和尚说：“再去烧一壶沸水送过来。”沸水送来后，释圆起身，又取一个杯子，撮了把茶叶放进去，稍稍朝杯子里注了些沸水。年轻人俯首去看，只见那些茶叶在杯子里上下沉浮，一丝细微的清香渐渐漂了出来。年轻人禁不住欲去端那杯子，释圆忙微微一笑说：“施主稍候。”说着便提起水壶朝杯子里又注了一些沸水。年轻人再俯身看杯子，见那些茶叶沉沉浮浮变得更杂乱了，同时，一缕更醇更醉人的茶香在禅房里轻轻弥漫开来。释圆如是注了五次水，那一杯茶水沁得满屋生香。

释圆笑着问：“施主可知同是铁观音，却为什么茶味迥异吗？”年轻人思忖着说：“一杯用温水冲沏，一杯用沸水冲沏。”

释圆笑笑说，用水不同，则茶叶的沉浮就不同。用温水沏的茶，茶叶轻轻地浮在水上，没有沉浮，怎么会散逸它的清香呢？而用沸水冲沏的茶，冲沏了一次又一次，茶叶沉沉浮浮，就释出了它春雨的清幽、夏阳的炽烈、秋风的醇厚、冬霜的清冽。

文化感悟

中国人饮茶，不仅追求美的享受，还要以茶培养自己的情怀。一杯茶，能让人感受到它不是单纯的物质文化，也不是单纯的精神文化，而是二者巧妙的结合。煮茶，是茶与水的交融；饮茶，可求得内心的沉静。

对茶文化，你有哪些体会？请写下你的感想。

第7课　传统服饰文化

文化说略

服饰是人类特有的劳动成果，它既是物质文明的结晶，又具精神文明的含意。中国服饰的历史源远流长，以鲜明特色为世界所瞩目，传统服饰主要以汉服为主，另外还有胡服、旗装等。

商周时期的服饰形式主要采用上衣下裳制。

春秋战国时期的服饰主要包括以深衣为代表的汉族传统服饰和北方少数民族的胡服。

秦代服色尚黑。汉代建立了舆服制度，服饰上的等级差别十分明显。

魏晋南北朝时期宽衣博带成为流行服饰。

隋唐时期服饰形制更加开放，服饰愈益华丽。

宋代基本保留了汉民族服饰的风格，辽、西夏、金及元代的服饰则民族特点鲜明。

明代恢复汉族服饰的传统，明太祖朱元璋重新制定汉服服饰制度。

清代男子服饰以长袍马褂为主，满族妇女以长袍为主，汉族妇女则为上衣下裳式的袄裙。

民国时男子从长袍马褂向中山装和西装逐步过渡，女子服饰变得日益丰富多彩，旗袍广泛普及。旗袍和中山装所蕴含的传统文化和中华民族的包容品质，使其在近代尤为盛行。

商周窄袖衣

秦汉深衣

魏晋大袖衫

唐朝齐胸襦裙

宋朝官服

明朝袄裙

清朝长袍马褂

民国旗袍

黄帝、舜帝与中国衣裳

古籍记载，衣裳为黄帝时期所制。远在三皇五帝时期，先民们以鸟兽毛皮为衣，进而用麻作布，后来嫘祖植桑养蚕，教导人民织布作衣。《世本》记载：黄帝的臣子“伯余作衣裳”“胡曹作冕”。

“衣裳”是指上身穿衣，下身穿裙。上衣下裳，是我国最早的服装形制之一，体现了古人的创意与智慧。上衣下裳首先是为了方便生活，但黄帝赋予了“衣裳”以文化含义。《帝王世纪》记载：“黄帝始去皮服，为上衣以象天也。”

《周易》：“黄帝尧舜，垂衣裳而天下治，盖取诸乾坤。”从黄帝之后，衣服的功能增加了政治内涵，之后的舜帝又创造性地在服装上增加了十二种图形，这就是深远影响后世的“十二章纹”。这十二种图形都有非常美好的含义，代表优秀的品行。黄帝的“上衣下裳”和舜帝的“十二章纹”，都是其思想的体现。

西汉直裾素纱禅（dān）衣

1972 年，湖南长沙马王堆一号墓出土了直裾素纱禅衣，该墓主人为西汉长沙相利苍妻子辛追。除此件禅衣外，墓中还出土了大量绢、绮、罗、纱、锦等丝织品和衣物。

素纱禅衣薄如蝉翼、轻若烟云，它代表了西汉初期养蚕、缫丝、织造工艺的最高水平。直裾素纱禅衣可能为女子锦袍外面的罩衣。素纱禅衣罩于色彩艳丽的锦袍外面，既能增加服装的层次感，又能衬托出锦衣的华美与尊贵。

直裾素纱禅衣是存世年代最早、保存最完整、制作工艺最精、最轻薄的一件衣服，在中国古代丝织史、服饰史和科技发展史上有着极为重要的地位，是中国首批禁止出国（境）展览文物，现收藏于湖南省博物馆。

素纱禅衣，衣长 132 厘米，通袖长 181.5 厘米，由上衣和下裳两部分构成，交领，右衽（rèn），直裾。面料为素纱，边缘为几何纹绒圈锦。素纱丝缕极细，重仅 49 克。

汉服

汉服，指汉民族传统服饰，又称华服。汉服影响了整个汉文化圈，日本、朝鲜、越南、蒙古、不丹等国的服饰均具有或借鉴汉服的特征。

衣领直接与衣襟相连，衣襟在胸前相交叉，左侧的衣襟压住右侧的衣襟，在外观上表现为“y”字形。“袖宽且长”是汉服礼服袖型的主要特点，但不是唯一的款式特点，汉服的小袖、短袖也比较多见。

汉服一般是用带子来系住衣服的，即使有用扣子的，也多把扣子隐藏起来。

汉服整体衣冠系统，浓缩了华夏文化的纺织、蜡染等工艺。

汉服衣料主要为麻、棉、丝。衣料根据纺织工艺的不同可细分为锦、绫、罗、绢等。

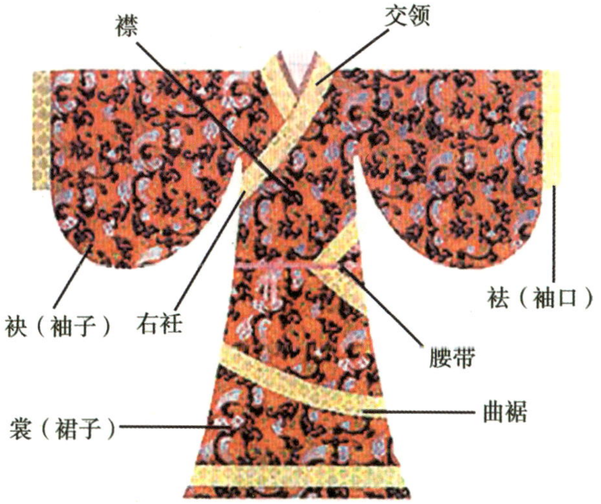

曲裾深衣（汉代）

十二章纹

据《尚书》记载，舜帝提出在服装上绘制十二种图形，这十二种图形，被称为“十二章纹”，也叫“十二章”。从舜帝开始，一直到清朝结束，它多出现在帝王的礼服当中。

十二章纹历经两千多年的朝代更迭，因其意义深刻，始终保持着原始的形态，几乎没有改变，这也是其他普通装饰图案无法比拟的。

十二章纹的纹饰，分别为日、月、星辰、山、龙、华虫、宗彝、藻、粉米、火、黼（fǔ）、黻（fú）等。

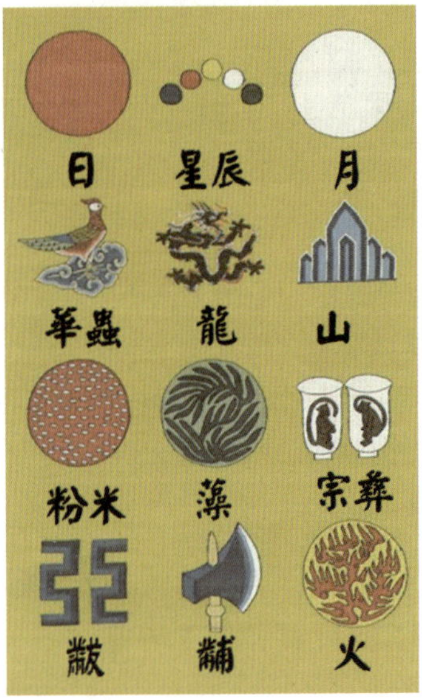

日、月、星辰取其照临之意。
山，取其稳重、镇定为人所仰之意。
龙取其应变。
华虫（雉鸡）取其文理。
宗彝取其忠孝。
藻（水藻）取其洁净。
火（火焰）取其光明。
粉米（白米）取其养人之意。
黼取其“割断”（做事果断）之意。
黻取其背恶向善之意。

与服饰有关的成语

被（pī）褐怀玉：身上穿的是粗布衣服，却胸揣宝玉。比喻出身贫寒而怀有真才实学。被，通“披”。褐，泛指粗布衣服。

两袖清风：两袖中除清风外，别无所有。比喻做官廉洁。也比喻穷得一无所有。

衣冠礼乐：指各种等级的穿戴及各种礼仪规范。指封建社会中各种典章礼仪。

不修边幅：原指不拘小节。后多用来形容不注意衣着或容貌的整洁。边幅，布帛的边缘，喻指人的衣着、仪表。

纨绔子弟：旧时指官僚、地主等有钱有势人家成天吃喝玩乐、不务正业的子弟。纨绔，细绢裤。

大寒索裘：等到大冷天才去找毛皮衣服。比喻平时没有准备，事到临头十分慌乱。

解衣推食：把穿着的衣服脱下给别人穿，把正在吃的食物让别人吃。形容对人极为关怀，慷慨帮助。

天衣无缝：神话传说中仙女的衣服没有衣缝。比喻事物周密完善，找不出破绽或漏洞。

文化审美

中国传统服饰不仅形制多样，而且浓缩了中国最古老的文明，除了实用功能之外，还有着“知礼仪、正名分”等特殊意义。汉服是汉族礼仪的必要组成部分。《春秋左传正义》疏：“中国有礼仪之大，故称夏；有章服之美，谓之华。”

◆形制之美。上衣下裳，即衣服分为上下两部分，这是汉服最古老且始终贯彻的服制。上衣下裳，代表天地阴阳；圆袖交领，代表天圆地方；中缝垂带，代表人道正直。具体说，汉服的袖子为圆袖，意为天道圆融。深衣背部的正中间有一条贯穿首尾缝合的线，称为“中缝”，人穿上汉服站直时，中缝垂直于地面，代表正直。而下垂直至脚踝的衣带，亦代表着正直之道。汉服的礼服一般是宽袖，显示出雍容大度、典雅、庄重、飘逸灵动的风采。

◆图案之美。图案能够为服装增色，汉服的图案常常有美好的寓意，比如植物中的葡萄多子、葫芦万代、莲生贵子、牡丹富贵、一品清廉、福寿三多；动物中的龙、虎、狮子、凤凰、蝙蝠、羊、喜鹊等。

◆配饰之美。古人佩玉而思德，下裳上常常配有一块玉，用条带系于腰间，垂下来既美观也可以压住下裳。《礼记》：“古之君子必佩玉，君子无故，玉不离身。”古人认为玉具有仁、智、义、乐、忠、信等美德，君子比德于玉。

◆色彩之美。在服饰的色彩上，不同朝代各有崇尚。中国色彩有着自己独特而美丽的名字，如灰褐叫秋香色，棕黄叫琥珀色，青有雨过天青和鸭蛋青……这些古雅为传统服饰平添了许多韵味。

◆工艺之美。独特的印花工艺和技艺高超的刺绣使传统服饰更加精美。

史事拾微

庄子见鲁哀公

庄子拜见鲁哀公，哀公说：“我们鲁国有很多儒学之士，但很少有人学道学。”庄子说：“其实鲁国儒学之士很少。”哀公说：“全鲁国有那么多人穿着儒士的服装，怎么说少呢？”庄子说：“我听说，儒士带着圆帽子，说明他知天时，穿方形鞋子说明他懂得地理，佩戴五彩丝带穿系的玉佩，说明他事至而能决断。其实一个人有没有学问、有没有本事跟穿什么没有关系，穿戴儒士服饰的，未必真的有学问、有本事。如果不信的话，您不妨发一个号令，说没有学问没本事又穿着儒士服装的，要处以死罪！”哀公真的发了这个号令。结果几天以后鲁国几乎没有再穿儒服的人了。唯独有一位男子，身穿儒服立于朝门之外。哀公即刻召见他以国事相问，结果不论多复杂的事情，他都能够一一作答。鲁哀公得意地说：“你看鲁国是不是礼仪之邦，是不是不缺绝学的儒士？”所以，庄子说：“以鲁国之大其实只有一位儒士，怎能说多？”

胡服骑射

“胡服”，是指类似于古代北方少数民族衣短袖窄的服装，不同于中原地区的宽衣博带长袖；“骑射”指游牧部族的人骑在马上射箭，有别于中原地区传统的徒步射箭。

战国时赵武灵王即位的时候，赵国正处在国势衰落时期，在和一些大国进行的战争中常吃败仗，一些邻界小国也经常来侵扰。赵武灵王看到游牧民族的军事服饰是窄袖短袄，生活起居和狩猎作战都比较方便；作战时用骑兵、弓箭，与中原的兵车、长矛相比具有更大的灵活性和机动性。

赵武灵王提出“着胡服”“习骑射”的主张，决心取长补短。赵国建立起以骑兵为主体的一支军队，它在战争中的作用很快显示出威力来。不久，赵国国力日益强大。

黄袍加身

周恭帝即位的时候，年纪太小。任殿前都点检、归德军节度使的赵匡胤，看到夺取后周政权的条件已经成熟，于是精心策划了历史上有名的“陈桥兵变”。

960 年，后周朝廷忽然接到紧急战报，说北汉和契丹联合出兵攻打后周。赵匡胤奉命带兵抵抗。当天晚上，大军到了陈桥驿，赵匡胤命令将士就地扎营休息，一些将领却聚集在一起，悄悄商量着拥护赵匡胤作皇帝。几个人把早已准备好的一件黄袍披在赵匡胤身上，跪地磕头高呼“万岁”。接着，把赵匡胤扶上马回到京城。

后周恭帝禅位，赵匡胤即位做了皇帝，国号改为宋，历史上称为北宋。

诗文传情

诗经·无衣

岂曰无衣？与子同袍①。王②于兴师，修我戈矛。与子同仇！

岂曰无衣？与子同泽③。王于兴师，修我矛戟。与子偕作！

岂曰无衣？与子同裳④。王于兴师，修我甲兵。与子偕行！

【注释】

①袍：长衣。行军者日以当衣，夜以当被。②王：指周天子。③泽：里衣。④裳：下衣。此为战裙。

缭绫

（唐）白居易

缭绫①缭绫何所似？不似罗绡与纨绮②。

应似天台山上明月前，四十五尺瀑布泉。

中有文章③又奇绝，地铺白烟花簇雪。

织者何人衣者谁？越溪寒女汉宫姬。

去年中使宣口敕，天上取样人间织。

织为云外秋雁行，染作江南春水色。

广裁衫袖长制裙，金斗熨波刀剪纹。

异彩奇文相隐映，转侧看花花不定。

昭阳舞人④恩正深，春衣一对值千金。

汗沾粉污不再着，曳土踏泥无惜心。

缭绫织成费功绩，莫比寻常缯与帛。

丝细缲多女手疼，扎扎千声不盈尺。

昭阳殿里歌舞人，若见织时应也惜。

【注释】

①缭（liáo）绫：绫名。一种精致的丝织品。质地细致，文彩华丽，产于越地，为唐代贡品。②罗绡与纨绮：四种精细的丝织品。③文章：错杂的色彩，这里指花纹图案。④昭阳舞人：汉成帝时的赵飞燕，善于歌舞，曾居昭阳殿。

哲理之思

随着时代的变迁，如今流行的日常着装与前数千年的中国服饰已大相径庭。

有人认为中国的服饰传统不具备“现代性”。然而，近年来，从国家领导人出访穿中式服装，到汉服等传统服装的兴盛，以及在国际时装展会上，中国服装融合传统文化的时尚设计，向世界诠释了中国神韵和中国风骨，展现出中国在服饰文化上日益增长的文化自觉与文化自信。

服装是一种语言也是一个文化窗口，是国家和民族创新精神、创造活力最重要的显性表达之一。服饰文化是国家软实力的重要组成部分。中国传统服饰文化的现代化，关键在传统服饰文化如何与当代时尚设计相结合、与当代生活方式相结合，由此赋予传统服饰文化可持续发展的生命力。

文化传承与商业市场的关系并不是相克的而是相生的，优秀的文化也具有经济生命力。文化传承与商业市场两者需相互融合、促进发展。因此，中国传统服饰文化的传承与创新，应在继承传统文化的基础上融入时代元素，让中华民族服装文化走向世界。

文化感悟

2017 年 1 月 25 日，中共中央办公厅、国务院办公厅发布了《关于实施中华优秀传统文化传承发展工程的意见》，旨在建设社会主义文化强国，增强国家文化软实力，实现中华民族伟大复兴的中国梦。文件指出：“实施中华节庆礼仪服装服饰计划，设计制作展现中华民族独特文化魅力的系列服装服饰”。

你对中国传统服饰文化的传承与创新有什么感想？请写下你的看法。

第8课　传统村落文化

文化说略

中国传统村落，也称为古村落，是指民国以前建村，保留了较大的历史沿革，即建筑环境、建筑风貌、村落选址未有大的变动，具有独特民俗民风，虽经历久远年代，但至今仍为人们服务的村落。

世界遗产名录中有两个中国传统村落：一个是皖南古村落（西递、宏村）；另一个是开平碉楼与村落。这表明，作为传承中华民族历史记忆、生产生活智慧、文化艺术结晶和民族地域特色的中国传统村落，不仅是中华文明的一部分，而且已成为世界文化遗产的组成部分。

皖南古村落

皖南古村落是指分布在中国安徽、江西两省，长江以南的一些传统村落。

明清时期徽商具有雄厚经济实力，不少徽商以文雅、超脱的心态构思和营建住宅，使得古村落的文化环境更为丰富，村落景观更为突出。

皖南古村落与地形、地貌、山水巧妙结合，在选址、建设上强调天人合一的理想境界和充分尊重自然环境，注重物质和精神的双重需求。在装饰手法上，通过建小庭院、开凿水池、安置漏窗、巧设盆景、雕梁画栋等，创造优雅的环境，体现了当地居民极高的文化修养。

位于安徽黟县的西递、宏村，街道结构、建筑和装饰、房屋布局以及人工水系都完好地保存着原始状态。

西递，始建于北宋，至今已近900余年历史。因村边有水西流，又因古有驿站，故而得名“西递”，素有“桃花源里人家”之称。

宏村始建于南宋，至今已有800余年的历史。背倚黄山余脉羊栈岭、雷岗山等，经常云蒸霞蔚，好似一幅徐徐展开的山水长卷，被誉为“中国画里的乡村”。

开平碉楼与村落

开平碉楼，位于广东省江门下辖的开平市，是集防卫、居住和中西建筑艺术于一体的多层塔楼式民居建筑，有古希腊、古罗马及伊斯兰等多种风格。开平碉楼鼎盛时期有3000多座，现存1833座。开平碉楼数量多、建筑精美、风格多样，在国内乃至在国际乡土建筑中实属罕见。2007年6月28日，“开平碉楼与村落”被正式列入《世界文化遗产名录》。

开平碉楼始建于明末，为防洪和防盗而建。当时，不少海外华侨在侨居国请人设计好碉楼蓝图，回乡建成了各式各样碉楼式的楼。碉楼融合了中国传统乡村建筑文化与西方建筑文化，体现了中国华侨与民众主动接受西方文化的历程。

碉楼和住宅紧靠在一起，与院墙组合为一个防御体系，是整个院落或围屋的附属性建筑。碉楼与四周的竹林、村前的水塘、村口的榕树，构成了和谐环境。点式的碉楼与成片的民居相结合，满足了村民需要安全保护的心理，而从民居到碉楼是由低向高过渡，表达了村民“步步高升”的愿望。

自力村碉楼群，位于开平市塘口镇。村内现存15座碉楼，分布集中，多建于20世纪，风格各异，造型精美。

瑞石楼，被称为"开平第一楼"，共九层高。坐落在开平市蚬冈镇锦江里村，是中西建筑风格完好结合的典型。

马降龙村落群，位于开平市百合镇百合墟东南，前有河，后靠山，村中竹林、果园、碉楼，共同组成一幅典型的中国农村风貌图。

开平碉楼的灰雕，是一种岭南传统建筑装饰工艺。题材广泛，通俗易懂，一般图案以吉祥意义为主。

中国传统村落简况

我国是一个拥有悠久农耕文明史的国家，在漫长的历史进程中，村庄曾经是传统社会的重要组成单元。广袤的国土上遍布着众多形态各异的传统村落。不同地区的村落，沉淀了不同的风土人情，形成了各具特色的文化。传统村落自然共处、时代变迁等，无不折射着先人们的智慧，凝结着历史的记忆文化精髓。

随着工业化、城镇化的快速发展，传统村落衰落、消失的现象日益加剧。近几年国家积极推进传统村落的保护，将具有重要保护价值的村落列入中国传统村落名录。

诸葛八卦村，位于浙江省兰溪。全村绝大多数村民都是诸葛亮的后代。村庄布局精巧玄妙，高空俯视全村呈八卦形，与诸葛亮九宫八卦阵暗合。该村完整保存了大量元明清三代的文物，尤其是古建筑。

甲居藏寨，位于四川甘孜州丹巴县。甲居藏房是独特的藏式楼房建筑。房体外墙多涂成白色、褐色与黑色条纹，绘以日、月、星辰和宗教图案，外观美丽而整洁。

被命名为“中国历史文化名村”的吐峪沟麻扎村，是新疆现存最古老的维吾尔族村落，至今还保存着维吾尔族最古老的民俗风情，有“民俗活化石”之称。

大芦村位于广西钦州灵山县。以古建筑、古树等闻名，大芦村劳氏古宅共有九个群落，建于明清两代，每一处宅院都有着明显的时代特征。大芦村现保存有305副古对联、文天祥手迹等大量的文物珍品。

摄影 / 钟国伟

文化审美

中国传统村落中有大量的文化景观和丰富的历史信息，是中国农耕文明留下的宝贵财产。传统村落由“聚族而居”发展成为社会单元的小群体，村落是社会有机体的重要组成部分，是中国传统文化最根本的基础。传统村落文化的特点表现为以下几点。

传统村落反映了不同时期、不同地域、不同经济社会发展阶段形成和演变的历史过程，村落的传统格局、建筑以及自然人文景观，是原有生活、生产和其他公用设施的呈现。各种村落建筑，反映了村落原住民的文化理念、生产生活方式和民风习俗的文化内涵。这些古代村落的文化遗存，传递了有关中华民族生息繁衍、伦理与道德秩序构建、家国观念的培育形成、文化的固守与包容等方面的重要信息。

中国传统村落不仅是人们对居住、空间、环境的感受，更是对田园牧歌、天地人和、恬淡清雅生活境界的追求，这种追求深深打上了中国传统文化的烙印。每个蕴含传统文化的村落都体现了人与自然的和谐相处。

中国村落文化具有浓重的家族宗法色彩。传统村落的建筑多体现“父尊子卑、长幼有序、男女有别”的家族宗法伦理，如四合院就突出地体现宗法制度。传统村落的宗祠、庙宇、书院、戏台，是道德伦理的教化场所，民居的门楼、窗等，通过造型、雕刻绘画赋予各种吉祥寓意，建筑壁画所展现的题材内容，往往诠释中华民族文化精神中的核心价值观，蕴含深厚的儒家思想、道家思想、宗亲文化、传统美德等。

在不同地域、不同历史时期形成的传统村落，由于所在地的自然条件以及地域文化的不同，村落的空间结构也多各有特色。

福建土楼，依山就势，布局合理，具有中国传统建筑规划的理念，适应聚族而居的生活和防御要求，具有节约、坚固而防御性强的特点，又极富美感。

史事拾微

张谷英村的家训

张谷英村，位于湖南省岳阳市。自始祖张谷英公定居，繁衍26代子孙，至今已存在了500多年，2003年被评为中国历史文化名村。张谷英村以建筑规模之大、建筑风格之奇、建筑艺术之美，堪称“天下第一村”，保留了1700多座明清建筑，有“民间故宫”之称。

张谷英村家训族戒是维系张氏家族延绵至今的精神支柱，它融合了孝、和、勤、廉等传统儒家理念。历经几代人创制、修订、增删，最终定格为25条家训及5条族戒，涉及家政管理、为人处世、子孙教育、工作生活、冠婚丧祭等方方面面。孝父母、友兄弟、端闺化、择婚姻；睦族姓、正蒙养、存心地、修行检……正是这些家训和族戒，潜移默化地影响着一代又一代人的思想，形成了古村数百年不动摇的家族凝聚力。

在重孝义、求和睦、勤耕读和崇廉洁的环境中，数百年来，张氏家族中出外为官者多有300余人，他们恪守“崇廉洁”的家训，留下了难得的声誉和政绩，赢得了后人的景仰和赞颂。

历经数百年风雨的张谷英村，规模宏大、布局巧妙、设计巧夺天工，集建筑艺术、民俗文化、耕读文化等于一体。

抗战名村——冉庄

冉庄村位于河北省清苑县。中外战争史上闻名的地道战，就发生在这个村子。

“七七事变”后，日军大举南侵，采取“铁壁合围”“纵横梳篦”的清剿战术，进行灭绝人寰的“大扫荡”，实行“烧光、杀光、抢光”的三光政策，冀中人民蒙受了巨大的战争苦难。

在中国共产党领导下，冉庄的人民群众创造出了神出鬼没、举世震惊的地道战。其地道以十字街为中心，分 4 条主干线，24 条支线，户户相连，村村相通，上下呼应，能进能退，是长达 16 千米的地道网。地道的出入口灵活多变，有的设置在屋内墙角，有的利用牲口槽、风箱、锅台、井口做出入口，经过伪装，敌人很难发现。为了有效地消灭敌人，全村主要街道和路口，构筑了地堡等战斗工事，与地道相通，既能观察敌情，又能冷枪杀敌。地道战打得日本侵略者胆战心惊、狼狈不堪，最后只得“宁绕黑风口，不从冉庄走”。

在抗日战争、解放战争中，冉庄人民参与作战 150 多次，歼敌 2000 多人，荣获“地道战模范村”的光荣称号。

一个小小的村庄，一群普通的百姓，书写了一段英勇不屈的抗战历史。

古驿站——鸡鸣驿村

鸡鸣驿村位于河北省怀来县。该村有一处驿站遗存。鸡鸣驿是目前国内保存最好、规模最大、最富有特色的邮驿建筑群，具有重要的历史、艺术、科学价值，被称为邮政考古、机要考古的“活化石”。

鸡鸣驿始建于元代，明代加砖重修。设东西两门，城门上方筑楼，城中部建玉皇阁，城四角分筑角楼。东西“马道”为驿马进出通道，城南的“南官道”即当年驿卒传令干道。城内建筑分布有序，驿署区在城中心，西北区有马号，东北区为驿仓。城内有遗留的商店和民居。

2001 年，鸡鸣驿被评为全国重点文物保护单位。2005 年，鸡鸣驿村被列入第二批中国历史文化名村。鸡鸣驿两次入选世界濒危遗产名单。

1995 年 8 月，原国家邮电部发行一套两枚纪念邮票《古代驿站》，其中一枚即鸡鸣驿城，面值 50 分。

鸡鸣驿城，城墙为砖砌，内夯黄土，上面垛口，四周城墙基本保持原样。

商埠名村——汪口

汪口村地处江西婺源。这个古村落是“徽商”留下的遗迹，在皖南徽州商业交通型古村落中，具有独特的典型意义。

明清时期，为了谋生，汪口村人大量外出经商，从事茶、木、粮、棉、布等行业，参与开辟了著名的徽州商帮，所获得的财富，相当一部分回流到家乡，置田建宅、筑街巷码头、浚河垒堰、建祠续谱、兴办书院。

在 15 世纪末至 19 世纪，汪口是皖南有名的商埠和货物集散地。繁盛之时，汪口村有 18 个河埠码头供商货转运。人流、物流的汇集，促进了汪口当地商业的繁荣。河埠码头等商业服务设施十分完备。这个古村的诸多构成要素都深深打上了商埠名村的烙印。

诗文传情

游山西村

（宋）陆游

莫笑农家腊酒①浑，丰年留客足鸡豚②。
山重水复疑无路，柳暗花明又一村。
箫鼓追随春社近，衣冠简朴古风存。
从今若许闲乘月，拄杖无时夜叩门。

【注释】

①腊酒：腊月里酿造的酒。②豚（tún）：小猪，这里指猪肉。

清平乐·村居

（宋）辛弃疾

茅檐低小，溪上青青草。醉里吴音[1]相媚好，白发谁家翁媪。

大儿锄豆溪东，中儿正织鸡笼，最喜小儿亡赖，溪头卧剥莲蓬。

【注释】

①吴音：吴地的方言。

渭川[1]田家

（唐）王维

斜阳照墟落[2]，穷巷牛羊归。
野老[3]念牧童，倚杖候荆扉。
雉雊[4]麦苗秀，蚕眠桑叶稀。
田夫荷[5]锄至，相见语依依。
即此羡闲逸，怅然吟式微[6]。

【注释】

①渭川：渭水。②墟落：村庄。③野老：村野老人。④雉雊（zhì gòu）：野鸡鸣叫。⑤荷（hè）：肩负。⑥式微：《诗经》篇名，其中有“式微，式微，胡不归”之句，表归隐之意。

哲理之思

根植于传统社会的村落文化，蕴藏了许多价值恒久的精华，如亲孝礼仪，这也表明中国传统村落文化的保护和发展具有重要的现实意义。重塑乡村的文化认同，回归被遗忘的乡土价值观，能在一定程度上增强凝聚力。

中国传统村落文化的保护发展又面临着矛盾的现实。如何在以城镇为中心的时代背景下，促使村落文化在与城镇化互动中获得保护和发展，是 项重大的任务。

当然，传统村落保护，不只是保存传统村庄的外形，更重要的是保护传统村庄的神韵，使得历史遗存与当代生活共融、村落景观与人文内涵共生、传统文化与时代精神共鸣，只有传统村落融入现代文明，才能真正体现传统村落文化的价值，才能根本上护住乡村文脉的“根”。

中国传统村落名录

《中国传统村落名录》是我国为促进传统村落的保护和发展而建立起来的。自 2012 年起，住房和城乡建设部会同文化部、国家文物局、财政部等六部门启动了传统村落保护工作。

2012 年 8 月 22 日，住房和城乡建设部等部门出台了《传统村落评价认定指标体系（试行）》，从村落传统建筑、村落选址和格局、村落承载的非物质文化遗产等方面进行评价和认定，要求村落的历史文化积淀较为深厚、选址格局保存较完整、传统建筑具有一定保护价值、非物质文化遗产传承良好。同年 12 月 17 日，确定了第一批共 646 个具有重要保护价值的村落并将其列入《中国传统村落名录》。

2013 年第二批《中国传统村落名录》入列 915 个村落，2014 年第三批《中国传统村落名录》入列 994 个村落，2016 年第四批《中国传统村落名录》入列 1598 个村落。涵盖全国所有省 272 个地级市、43 个民族，大部分传统村落已列入名录。2019 年第五批《中国传统村落名录》入列 2666 个村落。

被列入《中国传统村落名录》的村落，中央财政拨出资金给予保护扶持，用于改善公共基础设施、保护文化遗产等方面的工作。

文化感悟

中国传统村落文化的保护的确刻不容缓。现实中可以看到，越来越多的古村落因村民外出打工而出现“空巢现象”；不少古村落多已破败；有的古村落在匆匆忙忙开发旅游，把古村落当成“摇钱树”，随意新建，破坏了村落的古貌。试想，当所有传统村落连同承载大量文化信息的古老遗物都消失殆尽，当传统文化在外来文化步步进逼下日趋渐微之时，我们如何留住中华文明的根和中华各族儿女的乡愁？

对保护和发展传统村落文化，你有什么想法？请写下来。

第 9 课　古典园林文化

文化说略

我国古典园林是自然美和艺术美的结合体，虽由人作、宛若天开，讲究诗情画意，追求意境。经过长期的造园实践，我国形成了完善的园林艺术理论和精湛的造园技巧，在世界园林史独树一帜。

中国古典园林以江南古典园林和北方皇家园林为代表。国务院颁布第一批全国重点文物保护单位，有四座中国古典园林被列入其中，分别为拙政园、颐和园、避暑山庄、留园，它们被称为中国四大名园。

拙政园，是江南古典园林的代表作品。全园以水为中心，山水萦绕，亭榭精美，花木繁茂，共有堂、楼、亭、轩等三十一景。

颐和园为清朝时期皇家园林，是一座以昆明湖、万寿山为基址，以杭州西湖为蓝本，汲取江南园林的设计手法而建成的大型山水园林。1961 年入列第一批全国重点文物保护单位，1998 年被列入《世界遗产名录》。

避暑山庄，历经清康熙、雍正、乾隆三朝建成。避暑山庄是中国现存占地最大的古代帝王宫苑，分宫殿区、湖泊区、平原区、山峦区四大部分。山中有园，园中有山，大小建筑有 120 多组。

留园的建筑艺术独创一格、收放自然，内外空间关系密切，景区之间以墙相隔，以廊贯通，又以空窗、漏窗、洞门使两边景色相互渗透。

拙政园

颐和园

避暑山庄

留园

我国古典园林的形成和发展

中国古典园林历史悠久，文化内涵丰富。据有关文献记载，我国造园应始于商周时期，其时称之为“囿”，也叫游囿，即把自然景色优美的地方圈起来，放养禽兽，供帝王狩猎。

汉朝把早期的游囿发展为以园林为主的帝王苑囿行宫，除供皇帝游憩之外，还举行朝贺、处理朝政。上林苑、梁园等，都是这一时期的著名苑囿。司马相如所作《上林赋》、司马迁的《史记》等对西汉时期的囿苑有较详细的记载。

魏晋南北朝时期，文人、画家参与造园。隋唐之际，逐渐把造园艺术从自然山水园阶段，推进到写意山水园阶段。

盛唐时代，宫廷御苑设计愈发精致，宫殿建筑雕栏玉砌，格外显得华丽。

宋元时期的代表作品有艮岳、沧浪亭、西湖等。

明清时期是中国园林发展的高峰期。皇家园林创建以清代康熙、乾隆时期最为活跃，建造了圆明园、避暑山庄、畅春园等大规模的园林。

“中国——园林之母”

英国著名博物学家 E.H. 威尔逊深入我国西部考察，前后 4 次，历时 12 年。他采集的植物标本有 6.5 万余份，还发现了许多新种，为西方国家引去了 1500 余种原产我国西部的园林花卉植物。

威尔逊从自己的采集经历中切身体会到了中国园林花卉对世界园林艺术乃至环境改善作出了巨大的贡献。为此，他以游记形式写成《中国——园林之母》一书。该书详细记述了我国西部丰富的植物资源和壮丽的景色等，内容十分丰富，是 20 世纪对国际园艺学和植物学影响深远的著作，“中国是园林之母”的论断得到了人们的认同。

威尔逊精辟论述了我国园林植物在国外的重要性。

1899 年，威尔逊来华收集珙桐树树苗。在鄂西山区他收集到大量的种子和插苗，并将其成功地引到英国和其他西方国家栽培。现在，不少珙桐已长成参天大树了。

这种漂亮的鸽子树为欧美普遍青睐，是世界著名的观赏树木。

苏州古典园林

苏州古典园林始于春秋时期吴国建都姑苏时，形成于五代，成熟于宋代，兴旺鼎盛于明清。到清末，苏州已有各色园林 170 多处。

苏州古典园林是东方文明的造园艺术典范，是中国园林的杰出代表，在世界造园史上有着独特的历史地位和价值。

1997 年，苏州古典园林中的拙政园、留园、网师园、环秀山庄入列《世界遗产名录》。2000 年，沧浪亭、狮子林、艺圃、耦园、退思园增补入列《世界遗产名录》。

世界遗产委员会对苏州古典园林是这样评价的：没有哪些园林比历史名城苏州的园林更能体现出中国古典园林设计的理想品质，咫尺之内再造乾坤。苏州古典园林被公认是实现这一设计思想的典范。这些园林，以其精细的设计，体现了中国文化中取法自然而又超越自然追求。

苏州园林包括第宅园林、寺庙园林、书院园林等类型。私家住宅园林以精致、淡雅见长，它是居住、休闲的场所，这种宅园合一的居住模式，是人们美化和完善自身居住环境的一种创造。

拙政园

网师园

环秀山庄

沧浪亭

狮子林

耦园

古典园林与其他艺术

中国古典园林是建筑、园艺、绘画、雕刻以及诗文等多种艺术的综合体。

中国古典园林山水精萃、诗画入境、抒发情志、内涵精深。园林意境与诗文意境两者相得益彰。唐诗宋词中留下了许多描写园林的句子，园林建筑题名往往取材于古文或诗词。留园“自在处”取自陆游“高高下下天成景，密密疏疏自在花”；狮子林“问梅阁”取自李俊明诗“借问梅花堂上月，不知别后几回圆”。

古典园林与山水画相互渗透、相互联系，形成了“以画入园，因画成景，因景成画”的造园艺术传统。一些文人画家以园林为载体寄托个人情怀，参与古典园林的规划设计，使古典园林充满“诗情画意”。

中国历代书法家的各体书法以各种形式留存在园林中。例如，避暑山庄原有御碑 20 多座，还有多处摩崖刻字；留园现存书条石 370 多方，包括了 100 多名书法家的作品。园林中的楹联、匾额、碑刻等书法艺术形式为园林增添了光彩。

园林与戏剧和音乐的关系，主要表现为我国园林中有多种形式的舞台，皇家园林尤为突出。不少私家园林也建造有吹台、琴室，以供弹琴一曲、吹箫相和。另外，我国古代剧作中有大量园林景色的描绘以及有关园林的故事。

《红楼梦》中的大观园

曹雪芹在《红楼梦》中描述了贾府为贵妃省亲修建的行宫别墅，名为“大观园”。园中叠石假山、曲廊亭榭、佛庵庭院，宛若人间仙境，精丽绝伦。栊翠庵苍松翠柏、红梅如胭；蘅芜苑异草仙藤、味芬气馥；怡红院丝垂翠缕、葩吐丹砂；潇湘馆曲折游廊、翠竹掩映。

大观园其实是曹雪芹总结当时江南园林和帝王苑囿创作出来的世外桃源。他用一支笔，勾画了大观园的造园设计思想、建筑布局、景点设置、植物配置、装饰陈设等，为我们呈现了一个集园林建筑艺术之大成的“天上人间诸景备”的中国古典园林。《红楼梦》描绘的大观园对后世造园产生了深远的影响，成为中国现代很多园林景点的蓝本。

清代孙温所绘《红楼梦》中的大观园

苏州园林楹联

清风明月本无价
近水远山皆有情

——沧浪亭联

江山如有待
花柳更无私

——拙政园与谁同坐轩联

苍松翠竹真佳客
明月清风是故人

——狮子林立雪堂联

松柏有本性
金石见盟心

——拙政园得真亭联

四壁荷花三面柳
半潭秋水一房山

——拙政园荷风四面亭联

爽借清风明借月
动观流水静观山

——拙政园梧竹幽居亭联

平生直且勤
处世和而厚

——拙政园绣绮亭联

漫步沐朝阳 满园春光堪入画
登临迎爽气 一池秋水总宜诗

——艺圃朝爽亭联

风风雨雨 暖暖寒寒 处处寻寻觅觅
莺莺燕燕 花花叶叶 卿卿暮暮朝朝

——网师园看松读画轩联

风景自清嘉 有画舫补秋 奇峰环秀
园林占幽胜 看寒泉飞雪 高阁涵云

——环秀山庄联

读书取正 读易取变 读骚取幽 读庄取达 读汉文取坚 最有味卷中岁月
与菊同野 与梅同疏 与莲同洁 与兰同芳 与海棠同韵 定自称花里神仙

——留园五峰仙馆联

文化审美

中国古典园林，具有悠久的历史，而且独树一帜、自成体系，是中华传统文化中的一颗明珠。

中国古典园林通过追仿名山胜景和借鉴文化典故来表现人们的自然与人生观，不仅是情趣和智慧的结晶，更蕴含着儒、佛、道等哲学思想和山水诗画意境。

◆追求仙境。“一池三山”是中国园林的一种模式：“一池”指太液池；“三山”指神话中东海里的蓬莱、方丈、瀛洲三座仙山。“一池三山”与中国道教分不开，道家的自然观是崇尚自然，师法自然。“一池三山”的布局既模仿仙境，又能丰富层次。例如，承德避暑山庄的湖区，全部由人工开凿，湖区中心有如意洲、月色江声和环碧三个岛屿；拙政园水面上三岛布列，形成了山因水活、水随山转的意境。

◆诗化自然。中国古代造园对自然美景进行概括，再赋予其以人的情感和寄托。楼、台、亭、阁、廊、馆、榭与自然山水融为一体，追仿天下名山胜景，诗情画意令人触景生情。

◆托物言志。古典园林以自然界的山水为蓝本，在一定空间内以山、水、植物、建筑等营造建筑环境，其实是一种借景生情、托物言志的情感表达。而园林中的植物在景点构成中不但起着美化的作用，还是一种文化符号，传递着园主人所寄寓的思想和愿望。例如，将松柏的耐寒特性比之于君子的坚强性格，兰花比之于君子的修为，冬梅借以励志，夏荷寓意出淤泥而不染。不同的植物，被赋予不同的含义，丰富了植物本身的文化色彩。

◆诗文兴情。园林内的匾额、楹联和碑刻，不仅能烘托园林主体，形成一种古朴、典雅的装饰，同时又可作为一种文学鉴赏，运用于抒情喻志，对园林景象起着“画龙点睛”的作用，为人们呈现一个情景交融、诗文兴情的审美境界。

◆承载思想。园林厅堂的命名、花木寓意蕴含着大量的历史、文化信息，内容都极其深广。

中国园林墙上，常见一种装饰——漏窗，主要起通风采光的作用。但中国人把漏窗演绎成了一种艺术，漏窗的花纹图案、不同角度光线照射下的阴影，使其成为点缀园景的活泼题材。

正如著名建筑大师贝聿铭说的：“在西方，窗户就是窗户，它放进光线和新鲜的空气，但对中国人来说，它是一个画框，花园永远在它外头。”

史事拾微

火烧圆明园

圆明园始建于康熙四十八年（1709），由圆明园、长春园、绮春园三园组成。经过150多年的经营，圆明园建成为一座规模宏大、珍藏文物众多、景色秀丽的离宫。在建筑艺术上，圆明园形成了中西合璧的独特风格。长春园的北端，原建有一组园林化的欧式宫苑，其中有座“西洋楼”，建筑用料是精雕细刻的石材，主要景区设置了多种形式的水池和机关喷泉。园路铺饰、绿篱修剪以及围墙、石雕、铜像等都具有西方特色，但楼顶却盖上了中国特有的琉璃瓦，墙壁上镶嵌着琉璃砖，并采用了中国传统的叠石技术和砖雕工艺。这在当时是世界上唯一的一处兼有东西方风格的园林建筑群。圆明园达到了中国古代园林艺术的巅峰，被誉为“万园之园”。

第二次鸦片战争期间，英法联军发动侵华战争。1860年，英法联军攻入北京。英法侵华头目闯进圆明园后，立即“协派英法委员各三人合议分派园内之珍物”。为了销赃灭迹，掩盖罪行，英国侵华头目额尔金下令烧毁圆明园。大火连烧3天3夜，使这座世界名园化为一片废墟。

事后据清室官员查核，偌大的圆明三园内仅有二三十座殿宇、亭阁及庙宇、官门、值房等建筑幸存，但门窗多有不齐，室内陈设、几案均尽遭劫掠。与此同时，清漪园、静宜园和静明园的部分建筑也遭到焚毁。据有关材料记载，英国侵略军烧毁安佑宫时，因他们来得突然，主事太监又反锁着安佑宫的大门，当时有太监、宫女、工匠等共300人被活活烧死在安佑宫。

火烧圆明园无疑是历史上最为恶劣的文化毁灭行动之一。中国人没有忘记这个教训，它在今天仍记忆犹新。

圆明园大水法

诗文传情

题独孤少府园林

（唐）陆畅

四面青山是四邻，烟霞成伴草成茵。
年年洞口桃花发，不记曾经迷几人。

题大观园

（清）曹雪芹

衔山抱水建来精，多少工夫筑始成。
天上人间诸景备，芳园应锡③大观名。

沈园①二首

（宋）陆游

其一
城上斜阳画角②哀，沈园非复旧池台。
伤心桥下春波绿，曾是惊鸿照影来。

其二
梦断香消四十年，沈园柳老不吹绵。
此身行作稽山③土，犹吊遗踪一泫然④。

【注释】

①即沈氏园，故址在今浙江绍兴。②画角：涂有色彩的军乐器，其声凄厉哀怨。③稽山：即会稽山，在今浙江绍兴东南。④泫（xuàn）然：流泪貌。

哲理之思

中国古典园林融合了建筑美与自然美，追求诗画的情趣和深远的意境，充分体现了中国传统哲学思想在园林中的广泛应用。

◆园林中的自然与人工。中国古典园林追求人工美与自然山水美的高度统一，运用各种造园手法将山、水、植物、建筑等加以组合，使园林成为源于自然而高于自然的有机整体，塑造具有真山真水意趣的园林艺术世界，在“咫尺山林”中再现大自然的美景，以人造的自然体现出真山真水的意境。将人工美和自然美巧妙地相结合，这种“师法自然”的造园艺术，体现了人的自然化和自然的人化。

◆园林中的物质与精神。中国古典园林的建构内涵有物质的和精神的两大系列。物质要素包括山水、花木和建筑，这些要素形成了园林的山水美、花木美、建筑美。精神要素指借助于匾额、楹联、书条石等所体现的人文意蕴等，对园中景物产生烘托、渲染作用，赋予园景一定的意境，形成一种人文美。

◆园林的内景与外景。中国古典园林力求园林本身与外部自然环境的契合，比如以“之”字形游廊贴外墙布置，以山石与绿植作为高墙的掩映，以花墙与园外的景色相联系等，这些手法突破了园林的边界。园内建筑更注意收纳、摄取园外之景，从而使得园内园外两相结合、浑然一体。

◆园林中的大与小。私家园林往往通过利用空间大小的对比、选择适宜的建筑尺度、增加景物景深和层次、道路曲折变幻等手法，突破园林空间范围较小的局限，达到小中见大的空间效果。甚至通过意境的联想来扩大空间感，在有限范围之内创造峰峦、峭壁、危径、山洞、飞泉、幽溪等景物，通过“寓意于景”，使人“触景生情”，把人的情思带到大自然中去，拓展了园林的想象空间。

◆园林中的虚与实。“虚与实”在园林布局中更多地表现为山和水的恰当组合，山与水相映衬。为获得真山真水的意境，布局上有高低、远近、静动的对比，山石的重与静、水流的轻与动共同作用，达到气韵生动的景观效果。

沧浪亭复廊

复廊是在双面空廊的中间隔一道墙，形成两侧单面空廊的形式。中间墙上多开有各种式样的漏窗，从廊的一边透过漏窗可以看到廊的另一边景色。

苏州沧浪亭的复廊，人们在复廊内外穿行，内外都有景可观，并不会意识到园林的边界。通过复廊，将园外的水景和园内的山景相互资借，连成一体。

文化感悟

中国古典园林在文化记忆、审美教育、现代园林建设等方面依旧发挥着重要的作用。

你对古典园林文化有什么见解？请写下你的感想。

第 10 课　古琴文化

文化说略

在 2018 年的《国家宝藏》特展中，浙江博物馆推荐的宝物有落霞式彩凤鸣岐七弦琴。推荐理由：落霞式彩凤鸣岐七弦琴，是一把注入了工匠精神的乐器，也是天人合一、道法自然的中国哲学思想的最好体现。

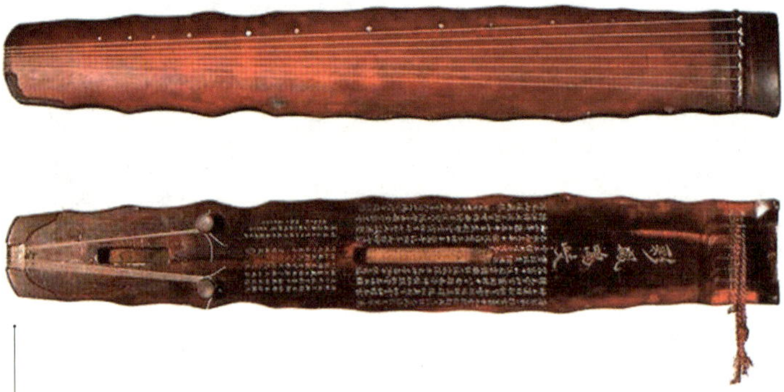

落霞式彩凤鸣岐七弦琴，造型古朴、典雅，背面有冰裂断和小流水断，美丽而别致。龙池上方有“彩凤鸣岐”琴名，下为近代琴学大师杨宗稷的三段鉴藏铭，龙池腹腔内有正楷“大唐开元二年雷威制”题刻。

雷威是唐代著名的古琴制作家。雷威制作的这张落霞式彩凤鸣岐七弦琴，琴通长 124.8 厘米，肩宽 18.8 厘米，尾宽 12.5 厘米。琴身两侧边沿云纹起伏，犹如天边连绵的云霞。

传说雷威常在大风雪天去深山老林，聆听树木在风中的发声选择斫琴之材。他制作的琴被称为雷公琴，精妙无比，弹之者众。后人赞道：选材良，用意深。五百年，有正音。

民国时期，彩凤鸣岐七弦琴为中国古琴重要派别“九嶷派”创始人杨宗稷重金购得。1932 年，杨宗稷先生去世。他的一部分藏琴，包括最珍爱的彩凤鸣岐琴等，被一个叫徐桴的浙江镇海人收购。1949 年后，徐桴的后人把藏琴捐献到了当地的镇海文化馆。1953 年又移交给了浙江省博物馆。

彩凤鸣岐琴，虽历经沧桑，却仍能弹奏出悦耳动听的琴曲，音质绝佳，极富感染力，在存世唐琴中音质属上乘，是不可多得的珍宝。2008年年底，浙江省博物馆举行唐代雷琴演奏会，这张唐代名琴再一次被轻轻抚响，曲调委婉流畅，隽永清新；琴音音柔韵长，圆润细腻。

古琴的起源与发展

古琴，原名琴，亦称瑶琴、玉琴、七弦琴。古琴堪称中国现存最古老的拨弦乐器，有三千年以上的历史。历代文献中有伏羲制琴的传说，如“伏羲制嫁娶以俪皮为礼”，“作琴瑟以为乐。”《琴操》有：“昔伏羲氏之作琴，所以御邪辟，防心淫，修身理性，反其天真也”等说法，当然，还有神农、黄帝、虞、舜等人制琴的记载。

周朝时，古琴用于郊庙祭祀、朝会、典礼等场合的雅乐演奏，在民间也十分兴盛。《诗经》有很多对琴的描述：“窈窕淑女，琴瑟友之”“我有嘉宾，鼓瑟鼓琴”“妻子好合，如鼓瑟琴”“琴瑟在御，莫不静好”等，这说明古琴至少在周朝，便是一件非常普遍、受到人们喜爱的乐器。我国古代文学、史学、艺术中，古琴作为描述对象大量存在其中。

春秋战国时期，古琴音乐已具有一定的艺术表现能力，孔子所教授的六艺“礼、乐、射、御、书、数”中，古琴是必修乐器；汉魏六朝时期，古琴艺术有了重大发展，除了作伴奏乐器外，还以独奏形式出现。唐代一批诗人为古琴写下了不朽的诗篇，晚唐曹柔创造了减字谱，近似演奏符号，是古琴减字谱的早期形式。宋朝古琴音乐在有起有伏中曲折地发展；明清时期大量琴谱得到刊刻流传，清末与民国年间由于战乱和社会变迁，古琴音乐濒于绝灭。1949年后，古琴音乐得到我国政府的重视，调查、收集、整理了流传于民间中的各种传谱，发掘出了一批失传的琴曲。

古琴的构造及蕴意

古琴一般长约三尺六寸五，象征一年三百六十五天。古琴的身宽，一般都是四寸，比喻一年的四季。琴的十三徽分别象征十二月，居中最大之徽代表君，象征闰月。琴体下部扁平，上部呈弧形凸起，分别象征天地，与古时的天圆地方之说相应和。古琴最初只有五根弦，内合五行：金、木、水、火、土；外合五音：宫、商、角、徵、羽。五根弦象征君、臣、民、事、物。后来增加的第六、七根弦被称为文、武二弦，象征君臣之合恩。琴头用以承弦的硬木名“岳山”，琴底两个共鸣箱，大的叫“龙池”，小的叫“凤沼”，上山下泽，有龙有凤，象征了天地万象。古琴有泛音、散音和按音三种音色，泛音法天，散音法地，按音如人，分别象征天、地、人之和合。

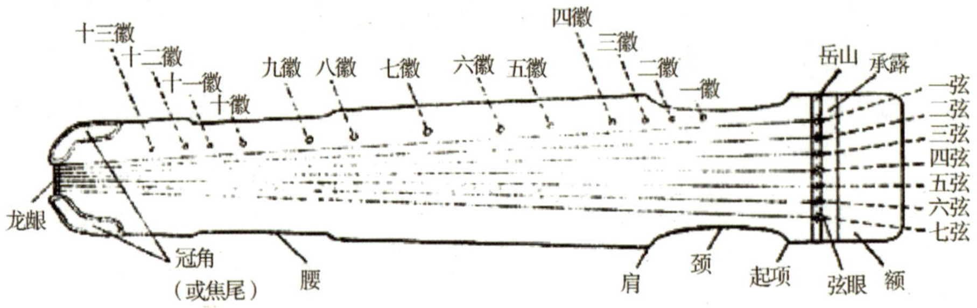

人类口头和非物质遗产——古琴艺术

古琴是中华民族的瑰宝。它历史久远、内涵丰富和影响深远为世人所珍视。湖北曾侯乙墓出土的古琴实物距今有两千余年，唐宋以来历代都有古琴精品传世。存见南北朝至清代的琴谱百余种，琴曲三千首，还有大量关于琴家、琴论、琴制、琴艺的文献，遗存之丰堪为中国乐器之最。

古琴的主要演奏形式有琴歌弹唱、与其他器乐合奏、独奏三种。古琴的声音非常独特，琴音也被称为“太古之音”“天地之音”。古琴还承载着丰富的精神文化，它深入哲学层面并达到“道”的境界，体现在琴人、琴论、琴社、琴派等各个层面。这种精神文化内涵是古琴艺术价值的重要体现。

古琴在隋唐时期还传入东亚其他国家，为这些国家的传统文化所汲取和传承，近代又伴随着华人的足迹遍布世界各地，成为西方人心目中东方文化的象征。美国发射的“航行者”号太空船上，放置了一张可以循环播放的镀金唱片，从全球选出人类代表性艺术，其中收录了我国著名古琴大师管平湖先生演奏的长达七分钟的古琴曲《流水》用以代表中国音乐。

2003 年，中国古琴艺术被列入世界第二批“人类口头和非物质遗产代表作”名录。

中国古琴名曲

中国古琴名曲有《潇湘水云》《广陵散》《高山流水》《渔樵问答》《平沙落雁》《阳春白雪》《胡笳十八拍》《阳关三叠》《梅花三弄》《醉渔唱晚》等。这里着重介绍前五首。

《潇湘水云》的作者为南宋古琴演奏家、作曲家、教育家及浙派古琴的创始人郭沔。南宋末年，官场腐败黑暗，作者感慨时势飘零，满怀忧国之情，却只能观潇湘二水水起云涌，“每欲望九嶷，为潇湘水云所蔽”，于是作《潇湘水云》以记。

《广陵散》是一首曲调较为激昂的古琴曲，大约产生于东汉末期，全曲共有

45个乐段。据说，《广陵散》描写的是勇士聂政的故事。汉魏时期嵇康因反对司马氏专政而遭杀害，临刑前曾从容弹奏此曲。

《高山流水》原为一曲，自唐代以后，分为《高山》与《流水》两首独立的琴曲。传说先秦的琴师俞伯牙一次在野外弹琴，樵夫钟子期竟能领会这是描绘“峨峨兮若泰山”和“洋洋兮若江河”。伯牙惊道：“善哉，子之心而与吾心同。”钟子期死后，伯牙痛失知音，摔琴绝弦，终生不弹，故有高山流水之曲。两千多年来，这首著名的古琴曲与伯牙鼓琴遇知音的故事一起广泛流传。

《渔樵问答》乐曲采用渔者和樵者对话的方式，以上升的曲调表示问句，下降的曲调表示答句，旋律飘逸潇洒，表现出渔樵悠然自得的神态，反映的是一种隐逸之士对渔樵生活的向往。

《平沙落雁》是近三百年来流传最广的作品之一，有近百种琴谱刊载此曲。该曲曲调悠扬流畅，表现手法新颖、别致，通过时隐时现的雁鸣，描写雁群降落前在空中盘旋的情景。

文化审美

在中国古代社会中，“琴、棋、书、画”历来被视为文人雅士修身养性的必由之径。古琴因其清、和、淡、雅的音乐品格寄寓了文人风凌傲骨、超凡脱俗的处世心态，而在音乐、棋术、书法、绘画中居于首位。

◆琴音之美。古琴的音色由三种音组成，一是泛音，清脆活泼，给人一种轻盈空灵的感觉。二是散音，浑厚深沉，余韵悠长，深沉而坚实。三是按音，是古琴最具特色的声音，按音在古琴中运用得最多，变化和效果也最为丰富。古琴音色深沉，苍劲悠远，极具质感，深藏韵味。

◆琴器之美。古琴本身就是艺术品。古琴造型优美，常见的有伏羲式、仲尼式、落霞式等，主要是依琴体的项、腰形制的不同而区分的。古琴的款随着每个朝代审美、工艺及斫琴技术和斫琴师情趣的变化而变化。

◆琴韵之美。古琴，蕴含着丰富而深刻的文化内涵，历代书画家多喜欢表现古琴，众多古典文学作品中也很多关于琴的描写。琴以抒怀、琴以言志、琴以传情，体现了一种“和雅”“清淡”的审美情趣。古琴的韵味为虚静高雅，而要达到这样的意境，弹琴者必须将环境与心境合而为一，也就是心正才能意正，意正才能声正，以达到人琴合一的艺术境界。

◆琴道之美。古琴是一种浓缩了中国传统文化内涵的艺术形式，深刻影响了中国传统文化的很多方面，琴道就是君子养修之道。李祥霆先生认为，弹奏古琴要表现自己的心境、情怀，要与人产生共鸣。他用 16 个字概括了自己对琴道的认识——宣情理性、至善至真、美合天地、妙亘古今。

《伯牙鼓琴图》为元代王振鹏所作，故宫博物院藏。该画描绘了俞伯牙为知音钟子期弹琴的故事。图中弹琴者为俞伯牙，对面聆听者为钟子期。画中人物神情均刻画得惟妙惟肖。

史事拾微

孔子学琴

孔子学鼓琴师襄子，十日不进。师襄子曰："可以益矣。"孔子曰："丘已习其曲矣，未得其数也。"有间，曰："已习其数，可以益矣。"孔子曰："丘未得其志也。"有间，曰："已习其志，可以益矣。"孔子曰："丘未得其为人也。"有间，有所穆然深思焉，有所怡然高望而远志焉。曰："丘得其为人，黯然而黑，几然而长，眼如望羊，如王四国，非文王其谁能为此也！"师襄子辟席再拜，曰："师盖云《文王操》也。"

——《史记·孔子世家》

译文：孔子向师襄子学琴，学了十天仍没有学习新曲子，师襄子对他说："可以增加学习内容了。"孔子说："我已经熟悉乐曲的形式了，但还没有掌握方法。"过了一段时间，师襄子说："你已经会弹奏的技巧了，可以增加学习内容了。"孔子说："我还没有领会曲子的意境。"过了一段时间，师襄子说："你已经领会了曲子的意境，可以增加学习内容了。"孔子说："我还不了解作者。"又过了一段时间，孔子神情俨然，仿佛进到新的境界：时而神情庄重穆然，若有所思，时而怡然高望，志意深远。孔子说："我知道他是谁了：那人皮肤深黑，体形颀长，眼光明亮远大，像个统治四方诸侯的王者，若不是周文王还有谁能作这首乐曲呢？"师襄子听到后，赶紧起身拜了两拜，回答道："老琴师传授此曲时就是这样说的，这支曲子叫做《文王操》！"

曹柔与减字谱

唐代以前，古琴乐谱用文字来记载，一个指法要用一句话记录，这种文字谱极其繁复，一首曲子记下来篇幅很长。唐朝时期，一位名叫曹柔的人在文字谱的基础上，将古琴文字谱的指法、术语减取其较具特点的部分组合而成"减字谱"。曹柔创造的减字谱记谱法，经过历代琴人修改沿用至今。

减字谱实际上就是指法谱，是以记写指位与左右手演奏技法为特征的记谱法。

据统计，现存的古琴曲中有三千多首是古代流传至今的曲目，这要归功于古琴独特的记谱法——减字谱记谱法。

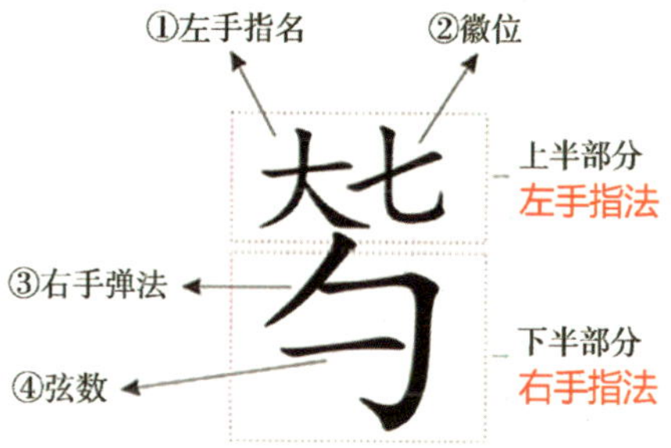

读法：大指7徽勾1弦

弹法：左手的大指按在7徽，用右手的中指勾1弦

万琴堂

北宋皇帝宋徽宗赵佶，艺术造诣很高。除书画外还热衷于琴，他将制琴的能工巧匠招至琴院，切磋技法，造就了一批制琴大师；还设立了乐坛，常常举办古琴竞比活动。宋徽宗痴迷于古琴，不但自己做琴、弹琴，还收藏古琴。他专门设立了一个万琴堂，广罗天下古琴神品于其中。

相传宋徽宗创作了一幅绢本设色工笔画《听琴图》，现藏于故宫博物院。

《听琴图》（局部）

余辉点评《听琴图》：该图是以工笔设色绘成，人物衣着敷染繁复，丝衣如新，质感鲜明，略施重彩……人物线条转折方硬并伴有顿挫，合乎衣纹的走向，面部刻画细致入微，表情细腻，专注之态，各不相同。看得出，画家的一笔一画，每一个造型，都力求在画面中传达出古乐无声的、丰富的乐感。凝固不散的雅乐与此图同在，八百多年后，铮铮的琴声仿佛仍在叩响每一个观者的心弦。

蔡邕的焦尾琴

中国古代有“四大名琴”之说：齐桓公的“号钟”，楚庄王的“绕梁”，司马相如的“绿绮”和蔡邕的“焦尾”。

蔡邕是汉代的文史大家，还是琴门圣手。他通晓音律，尤擅弹琴，对琴的选材、制作、调音，都有一套精辟独到的见解。他所著的《琴赋》《琴操》是影响深远的琴学名著，所创作的《蔡氏五弄》是千古名曲，曾被隋炀帝列为考取进士的必考题目。

蔡邕为人正直，敢于对灵帝直言相谏。后来在朝堂上的处境越来越危险，于是他打点行李，逃出了京城隐居了起来。出逃时他舍弃了很多财物，但一直舍不得丢下家中那把心爱的琴，将它带在身边，细加呵护。在隐居的日子里，他常常抚琴，借琴声抒发自己遭受迫害的悲愤和感叹前途渺茫的怅惘。

有一天，蔡邕坐在房里抚琴长叹，女房东在隔壁的灶间烧火做饭，木柴被烧得不断发出响声。忽然，蔡邕听到一阵清脆的爆裂声，心中一惊，大叫一声“不好”，跳起来就往灶间跑。来到炉火边，他伸手就将那块塞进灶膛当柴烧的桐木拽了出来，大声喊道：“这可是难得的一块做琴的好材料啊！”桐木还很完整，蔡邕将它买下来，然后精雕细刻将这块桐木做成了一张琴。这张琴弹奏起来，果然音韵奇佳，音色美妙绝伦。这把琴流传下来，成了世间罕有的珍宝，因为它的琴尾被烧焦了，人们叫它“焦尾琴”。

可惜，这张焦尾琴早已失传。

诗文传情

船夜援琴

（唐）白居易

鸟栖鱼不动，月照夜江深。身外都无事，舟中只有琴。
七弦为益友，两耳是知音。心静即声淡，其间无古今。

听郑五愔[①]弹琴

（唐）孟浩然

阮籍[②]推名饮，清风满竹林[③]。半酣下衫袖，拂拭龙唇琴[④]。
一杯弹一曲，不觉夕阳沉。余意在山水，闻之谐[⑤]夙心[⑥]。

【注释】

①郑五愔（yīn）：即郑愔，在堂兄弟中排行第五。②阮籍：字嗣宗，三国名士，不满现实，又怕遭迫害，于是纵酒谈玄，蔑视礼法。③“清风”句：阮籍、嵇康、山涛、刘伶、阮咸、向秀、王戎七人常聚集在竹林下弹琴、饮酒、游乐，肆意酣畅，世称“竹林七贤”。④龙唇琴：古代琴名。这里泛指琴。⑤谐：合。⑥夙心：平素的志向、情趣。

听 琴

（宋）白玉蟾

十指生秋水，数声弹夕阳。不知君此曲，曾断几人肠？

心造虚无外，弦鸣指甲间。夜来宫调罢，明月满空山。

声出五音表，弹超十指外。鸟啼花落处，曲罢对春风。

琴

（唐）王昌龄

孤桐[1]秘[2]虚鸣，朴素传幽真。仿佛弦指外，遂见初古[3]人。

意远风雪苦，时来江山春。高宴[4]未终曲，谁能辨经纶[5]。

【注释】

①孤桐：指琴。②秘：藏。③初古：上古。④高宴：盛大的宴会。⑤经纶：整理蚕丝。比喻筹划、治理国家大事，也指治理国家的抱负和能力。

哲理之思

中国古琴具有浓浓的哲学意蕴，即天人合一、德艺相融、心声契合。

◆天人合一。中国古代艺术遵循着得天地之美这种特殊的哲学理念。作为用来修身养性的琴，受这种哲学理念的影响，使其从一开始就不只是一种单纯的娱乐需要，中国琴学融入了道德、礼仪与人格修养，追求天声、地声、人声为一体。“天人合一”“情景合一”的哲学境界，渗透到琴学中，体现了古琴文化中的哲学思想。

◆德艺相融。琴之为器，德在其中，众器之中，琴德最优。琴音所表现的雅正之德，为琴人所重视。艺术与道德在琴的境界中得到统一，琴德蕴含着中华民族精神的内核，古琴让人接近生命的意义，对世界观、宇宙观有更多更新的体悟。古琴，在过去是古人修身悟道的重要方式，在今天也能成为人格培养和精神升华的重要手段。

◆心声契合。古琴之音，淡雅而又清亮绵远，符合中华传统文化追求意境、崇尚内在和寓意含蓄的特征。无论是儒家主张的“乐以载道”，还是道家主张的“大音希声”，都体现着一种在“和”与“静”不偏不倚的心态中获得个人和社会和谐统一的追求，这也是对古琴神韵、意境、移情的审美表达。

总之，古琴讲究“平和中正、清微淡远”，古人弹琴并非简单的娱人娱己，而是欲与天地精神相往来，在高山流水，林泉飞瀑中去感悟生命哲学。因此，古琴的“非物质文化遗产”价值在于它不是单独的音乐或技术，而是中国传统文化的载体，承载了文化教化、影响社会、改变心态、修身理性的作用。

《琴诗》的哲理

《琴诗》是北宋文学家苏轼创作的一首七言绝句：

若言琴上有琴声，放在匣中何不鸣？
若言声在指头上，何不于君指上听？

如果说琴声发自琴，那把它放进盒子里为什么不响呢？如果说琴声发自手，为何你的手上听不到声音？

其实，这首诗讲了一个弹琴的道理：一支乐曲的产生单靠琴不行，单靠指头也不行，还要靠人的思想感情和技术的熟练。琴不难掌握，指头人人有，但由于人的思想感情和弹琴技术的差异很大，演奏出来的乐曲是否悦耳可就大不一样了。

苏轼经常用诗歌来讲道理，所选取的意象大多简单明了，却能触及微妙的哲理，引人深思。第一句，提出琴声与匣子的关系，让人思考美妙的音乐与琴的联想，第二句提出琴声与指头的关系，引人思考美妙的音乐与人（指头）的联想。在这样的思考中，我们会想到：一曲美妙的琴乐，是一个有机整体的组合，琴、乐曲、手指、操琴者的情感、技艺等诸多因素，彼此相互依存、缺一不可。它们之间只有达到高度的融合、完美的谐调，才会奏出一曲美妙的琴乐。

当然，这首诗还给人以启迪：任何成功，都是客观条件和主观能动性结合的结果。

文化感悟

古琴是先民留下来的宝贵遗产，并已成为人类共同关注并享有的文化财富。它以多重美的高雅品质，引人无限向往和追求。古琴恬淡、平和的音乐，最能让人心得以安住沉静。

听一听古琴曲，品一品古琴韵，写一写你对古琴文化的感悟。

第 11 课 围棋文化

文化说略

2017 年 5 月 23 日至 27 日，围棋人机大战三番棋在浙江乌镇举行，谷歌人工智能程序“阿尔法围棋”以总比分 3 比 0 战胜世界排名第一的中国围棋九段棋手柯洁。围棋人机大战成为全球轰动的新闻，激起了人们关于“人工智能”的热议，也引发了人们对围棋的关注。

围棋起源于中国，迄今已有 4000 多年历史。“琴棋书画”被称为中国古代的“四艺”，其中的“棋”，就指围棋。围棋依然是重要的当代中国文化符号之一，也被认为是世界上“最复杂的棋艺”。

围棋，是一种策略性两人棋类游戏。围棋使用方形格状棋盘及黑白二色圆形棋子进行对弈，双方交替行棋，落子后不能移动，以围地多者为胜。

围棋棋具

围棋棋具主要有棋子、棋盘。

棋子分黑白两色，黑子 181 枚，白子 180 枚。棋子多为扁圆形。制作棋子的材料并没有特殊的限制。中国云南保山所产的“永子”为弈者所青睐。

围棋盘是方形的，盘面有纵横各 19 条等距离、垂直交叉的平行线，共构成 19×19=361 个交叉点。

"永子"，即永昌所产的围棋子。以云南保山南红玛瑙、黄龙玉、翡翠和琥珀等天然原料，采用保密配方和绝技熔炼，传统手工制作。棋子光润如玉琢，其色白如蛋清，黑如鸦青，外形古朴、内敛凝重，入手圆润、冬暖夏凉，曾为贡品。

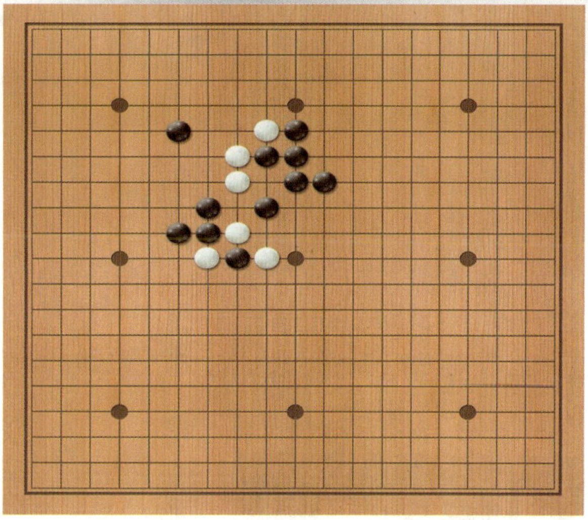

围棋盘上有九个星，最中间的称“天元”，意为天空最高点。

每个交叉点是一个星位。棋子不能放到格子内，必须放到交叉点上。

围棋的起源与发展

围棋最早的记载来源于先秦典籍《世本》：“尧造围棋，丹朱善之。”尧帝为使长子丹朱收心、向善，发明了围棋，让丹朱学棋。丹朱悟性极好，学棋很专心，棋艺渐进。之后，丹朱周游各地，推广棋艺，并对围棋进行了重新设计，改造对弈的技法。

春秋战国时期，围棋已在社会上广泛流传。弈秋是春秋时期人，是我国史籍记载的第一位棋手，是“通国之善弈者”，被称为围棋“鼻祖”。

东汉中晚期，围棋活动日渐盛行。南北朝时期弈风很盛，下围棋被称为“手谈”，统治者雅好弈棋，他们以棋设官，建立“棋品”制度，对有一定水平的“棋士”，授予与棋艺相当的“品格”(等级)。

唐宋时期，围棋得到长足的发展，对弈之风遍及全国。弈棋与弹琴、写诗、绘画被人们引为风雅之事，成为老少皆宜的游艺娱乐项目。围棋还随着中外文化的交流，逐渐流传到日本等国。

明清两代，棋艺水平得到了迅速的提高，名手辈出，棋苑空前繁盛，围棋谱也大量涌现，围棋技艺及理论高度发展。

1949 年以来，我国围棋得到了广泛的发展，众多棋手崛起，涌现了聂卫平、常昊、古力、江维杰、范廷钰、时越、柯洁等一批世界比赛冠军。

围棋运动现已遍布世界各地，唯中国、日本、韩国最为兴盛，西方国家已渐热，东南亚正在发展中。

当代著名围棋大师

吴清源（1914—2014），原名吴泉，出生于福州，后加入日本国籍。他是世界围棋革命的推动者与实践者，有“棋圣”之称。自 1939 年至 1956 年，在十番棋擂台击败了同时代所有超一流棋手，创造了围棋界的“吴清源时代”。2014 年 8 月，获得中国人民对外友好协会颁发的“和平发展贡献奖”，被称为“中日友好使者”；同年 11 月，获得中国围棋协会颁发的“围棋发展杰出贡献奖”。

聂卫平（1952— ），河北深县（今河北深州）人，著名围棋职业选手，中国围棋协会副主席兼技术委员会主任，中国棋院技术顾问。1982 年被中国围棋协会授予九段。1988 年被授予围棋“棋圣”称号。1999 年被评为“新中国棋坛十大杰出人物”。

围棋的别称

围棋有很多别称，其中最有名的是“烂柯”。

“烂柯”是著名围棋典故，语出南朝梁任昉《述异记》：信安郡（今浙江衢州）有座石室山。晋朝时有个樵夫名叫王质，砍柴到了这山中，看到有几位童子有的在下棋，有的在唱歌，王质就到近前去听。童子将一个东西交给王质，形状像枣核一样，王质吞下之后便不觉得饥饿了。过了一会儿，童子对他说：“你为什么还不走呢？”王质这才发现斧柄已经完全腐烂了。等他回到村里，发觉与他同时代的人都已经没有了。

后来，这个观棋烂柯的故事流传开来，烂柯成了围棋的代名词。

在历史上，围棋有不少有趣的别名。围棋棋盘方、棋子圆，有人称它为“方圆”；围棋盘上纵横交叉的线条如河网、地图一般，有人称它为“河洛”；围棋黑子似乌鸦，白子如白鹭，有人称它为“乌鹭”；下棋时人们默不作声，仅靠棋子来斗智，所以围棋又称“手谈”；由于棋手下棋时专心致志，诸事不闻，犹如隐居一般，故围棋又称“坐隐”等。

围棋的特点

我国具有代表性的棋类主要是围棋与象棋。它们是中国棋文化的结晶，也是当下流行的娱乐游戏。围棋具有以下特点：

◆棋子平等。在未落子之前，围棋棋子与棋子之间既没有任何身份、地位、价值上的差别，也没有任何性质功能差异。只有当它们放在棋盘上之后才会体现出不同的价值，像是一个团队在互相协作。象棋棋子等级森严，各具不同的功能。

◆落子不可动。棋子一旦放在棋盘之上，除非被吃掉，否则便不能移动，因此棋手所要考虑的是怎样把已经放在棋盘上的棋子的功能发挥出来。在象棋中，棋子可以动，虽然受规则所限各有不同的范围。

◆围棋是比较围地的大小而确定胜负的。围棋的最终目的是在和对手几乎一样的手数中，围出更大的地盘。也就是说，围棋的胜负不是非要消灭对手。象棋是以置对方将帅于死地而一争胜负的战斗。围棋的子是越下越多，象棋是越下越少。

◆围棋落子自由。围棋黑、白棋子可以在棋盘上任意一个地方落子，非常自由。所以棋手最可以发挥自己的想象力和创造力。象棋棋子的运动有规则限制，如马走日、象走田、车走直路等。

◆围棋需要精确计算。围棋对弈中要经过精密的计算，要求对弈者有高度精确的计算能力，体现了围棋是利用数学计算的特点。

◆围棋以礼开始，以礼结束。在围棋比赛正式开始前，棋手之间应相互致意，对局中棋手应保持谦让的姿态。对局结束后，棋手应谦逊地进行复盘研究。这是围棋的惯例。

围棋与绘画

我国历史上，著名画家以围棋为题材而创作的绘画作品有不少。这些关于围棋的绘画作品，宣传了围棋，成为中国古代围棋发展历史中一个重要的组成部分。

唐明皇特别好下围棋，常与臣下对弈，并罗致了不少围棋国手入翰林院。当时的围棋名手王积薪等，都常在明皇左右较量棋艺。唐明皇在宫中常举行棋会。参加者有围棋国手、王公大臣、和尚、道士等。《明皇会棋图》便反映了唐代宫廷中的围棋活动。

《明皇会棋图》，旧题周文矩绘。这幅画有八个人物，明皇座位前置一棋盘。画面上有清乾隆皇帝题写的诗。

围棋的成语

专心致志语出《孟子》。弈秋教了两个徒弟，其中一个学习很认真，牢记弈秋的教导；另一个总是心不在焉，学习时还总想着用箭射天上的天鹅。对学棋的专一程度不同，因而产生差异。所以孟子说：下棋看起来是小技能，但是如果不专心致志，一样学不好。

棋逢对手出自释尚颜的《怀陆龟蒙处士》。晚唐时期，释尚颜因下棋结识了诗人陆龟蒙。释尚颜非常怀念这位棋友，并作过一首诗，诗中有两句为："事免伤心否，棋逢对手无？"表达对棋友的同情和思念。棋逢对手比喻遇到实力和水平相当的人。

当局者迷、旁观者清，出自《旧唐书》。当局者迷、旁观者清，意为当事人容易糊涂，而局外人往往清楚。局原指棋局，当局者原指下棋的人，旁观者原指看棋的人。

举棋不定出自《左传》："弈者，举棋不定，不胜其耦，而况置君而弗定乎？"春秋时，卫国大夫宁惠子参与了军事政变，国君卫献公不得不逃出去避难。后来，宁惠子在去世前觉得驱逐国君是自己的一个污点，便嘱咐儿子宁悼子迎回卫献公。卫国大夫警告说："棋手下棋如果举棋不定就要失败，何况在对待国君的废立问题上，如此轻率，一定会有灭族之祸。"可是宁悼子不听劝告，迎回了卫献公，但最终却被献公除掉了。"举棋不定"常用来比喻遇事犹豫不决，缺乏主见。

文化审美

围棋蕴含着丰富的内涵，棋艺带来的启悟和内涵被拓展，影响着人们的道德观念、行为准则、审美趣味和思维方式。数千年来，围棋超越了单纯的博弈之道，成为中国传统历史文化传承的载体之一。

◆围棋体现了"道法自然"的思想。围棋的棋子、棋盘含有"天圆地方"的思想。圆形棋子，意味"天圆而动"，方形棋盘代表"地方而静"。围棋棋盘有 361 个交叉点，表示农历的 361 天。棋盘分为四部分，代表四季。棋子的黑白两色表示阴阳。围棋棋盘上下左右完全对称，四面八方绝对均匀，无双方阵地之分。下棋者可以从任何一边落子。

◆围棋蕴含着哲学思维。对局中双方的棋子从无到有，从弱到强，从个体到整体，它们既有对立的一面，又有和谐共存的一面。而围棋本身也是一个矛盾体，它既围地，也围子。围地是防守，围子是进攻。围地很重要，下棋以地盘的多少来计算胜负；围子也很重要，四个子围住一个子就能吃掉它。

◆围棋体现了一种儒雅的气质与风度。围棋独特的礼仪，使对弈双方显得温厚儒雅。他们坐在棋盘前，气定神闲，超然而脱俗。这种氛围的长期熏陶，滋养出棋手的雍容气质。

◆围棋可修身养性。围棋讲究大局观，不争一处之得失，要分析局势，根据情况做出作战计划，讲究对局的次序性、条理性，还要具有快速计算的能力、逻辑推理能力等。总之，从布局到中盘到终局，每一个环节都需要智慧与勇气，一方天地境界无限。围棋特有的深远思考、无穷变化给人性和人格以深刻影响，它是一种人生的修炼。

关于围棋的名人名言

◎棋虽小道，品德最尊

——陈毅

◎与其说围棋是竞争和胜负，不如说围棋是和谐

——吴清源

◎围棋本来就应该是这样的一种世界，不管棋艺高低，也不管是输是赢，以一种悠然自得的心态尽情享受围棋的乐趣，这便是“不得贪胜”的境界

——李昌镐

◎围棋是严谨的思想锻炼、推理锻炼，是“头脑体操”

——金庸

◎围棋并不是想赢就能赢的，胜利的要素是在其他方面

——武宫正树

史事拾微

“棋待诏”王积薪

王积薪是唐代棋手，常在宫中陪唐玄宗下棋。他在棋艺上精益求精，勤勉于业。据说王积薪成名后，从不以名家自居，每次外出身边总带着一个竹筒，里面放着棋子和纸画的棋盘。途中不管遇见谁，只要会下棋，都来对弈一次。谁要赢了，还可以享用他提供的一顿佳肴。

“安史之乱”时，王积薪跟随皇帝逃往四川。一天夜晚，王积薪借宿在一位老妇人家，晚上听得老妇人与媳妇说：“夜很长，一时也睡不着，咱们来下盘围棋吧！”王积薪很好奇，心想：“屋里没有灯，躺在床上怎样下围棋呢？”便侧耳谛

听着。“起东南九放一子。”媳妇说。“东五南十二放一子”老妇人回答。“起西八南十放一子。”“西九南十放一子。”…… 两人这样你一句我一句，总共下了三十六着棋后，忽听老妇人说：“你输了，我胜了九路。”王积薪惊异不止。天亮后，他向老妇人请教，自此棋艺大进。

王积薪在当时就名震天下，他棋艺高超，还提出了一套围棋理论，根据前人和自己的实践经验，总结了《围棋十诀》。《围棋十诀》看起来字面简单，但含义深远，不仅是围棋战理的高度总结，对于人生也有着深刻的指导意义。

《围棋十诀》

不得贪胜：不要走不讲道理和过分的棋。贪胜的结果，必然利令智昏，毫无顾忌，从而走出错着，导致失败。

入界宜缓：打入对方阵势要徐徐图之，不求一击而得。

攻彼顾我：攻击别人时，要注意到自己的缺陷和薄弱环节，以防对方以此为突破口进行反击。

弃子争先：只要能获得重要的先手，完全可以给对方吃一些棋子，牺牲一些小的局部利益，掌控主导权。

舍小就大：必须分辨和比较进而选择价值最大的地方，放弃较小的地方。也就是弃小的利益追求大的收获。

逢危须弃：当自己的棋处境危险时，该放弃就放弃，不然局面会更加恶化，放弃得越早损失越小。

慎勿轻速：慎重考虑每一步，计算周全再落子，不要赶速度，轻率落子。

动须相应：每一手都应该和之前的棋思路连贯，局部和全局和谐统一、呼应配合。

彼强自保：在对方强大的地方，应该首先着眼于保存自己。

势孤取和：在自己棋形薄弱、强战必然导致失败时，将损失降到最小就是胜利，握手言和，不一定非要拼个“鱼死网破”。

棋品如人品

唐朝东都留守吕元应棋艺高超，常与门客下棋，极少输棋。他发话道：谁如赢了他一盘，出入可配备马车；如赢两盘，可携儿带女来门下投宿就食。

有一天，吕元应正在与一位门客下棋。激战正酣之际，卫士送来一叠公文要他立即处理，吕元应便拿起笔准备批复。下棋的门客见吕元应低头批复文件，以为他不会注意棋局，便迅速地偷换了一子。吕元应看得一清二楚，只是未动声色。他批复完文件后，继续与门客下棋。门客最后胜了这盘棋，心里很欢喜，企望吕元应提高自己的待遇。没想到第二天吕元应带来许多礼品，请这位门客另投门第，门客心里知道原因，知趣地离开了。

十几年之后，吕元应弥留之际他把亲属叫到身边，对他们说："交朋友必须慎重。"接着，他讲述了当年与门客下棋的那段往事：他偷换了一个棋子，我倒不介意，但由此可见此人不可深交，你们一定要记住这些。吕元应以他多年的人生经验，深觉棋品与人品密不可分。

顾师言一子解双征

日本国王子来朝，献宝器音乐，唐宣宗设宴款待。宴中，王子提出要与中国高手切磋棋艺，起初皇帝并没有太在意，只找来几个一般的棋手与之对弈。结果王子连番皆胜，唐宣宗这才把当时的棋待诏顾师言召了来。

王子因已先胜几盘，下得颇为凶狠，顾师言已知是双征，自己的两块棋必丢其一。这时，日本王子一副俨然已是取胜的表情。关键时刻，顾师言突然想起前代棋待诏王积薪曾经下过一子解双征之局，他看着眼前棋盘，"啪"地落下一子解双征，也就是一手棋落在棋盘上，同时解除了两块棋被征吃之忧。王子只得推盘认输，之后询问顾师言是几品棋士，职官回说"三品"。王子想向一品棋手请教，职官回说"只有胜了三品才能与二品下。"王子闻言，唏嘘不已。

诗文传情

《五言咏棋》二首

（唐）李世民

一

手谈标昔美，坐隐逸前良。①参差分两势，玄素引双行。②
舍生非假命，带死不关伤。③方知仙岭侧，烂斧几寒芳。④

二

治兵期制胜，裂地不要勋。半死围中断⑤，全生节外分。
雁行⑥非假翼，阵气⑦本无云。玩此孙吴⑧意，怡神静俗氛⑨。

【注释】

①昔美、前良：指前代的围棋高手和棋艺。②参差：不整齐，不一致。玄素：指黑白棋子。玄为黑，素为白。③"舍生"二句：谓弈棋虽如斗兵，但舍生不用付出生命，赴死不

会遭受伤害。假，给予。④“方知”二句：谓领会了弈棋的乐趣，才知道王质当年为什么会观棋烂柯了。柯，斧柄。⑤断：围棋术语。⑥雁行：围棋术语。指现在说的飞，如小飞、大飞等。⑦阵气：战阵中的杀气。⑧孙吴：指军事家孙武、吴起。⑨俗氛：世俗的气氛。

哲理之思

围棋是一项能给人以智慧的竞技游戏，也是与哲学密切相关的一种文化。围棋蕴含着无穷的智慧和丰富的哲学思想。

◆围棋中的对立统一。围棋中的矛盾既有它对立的一面，又有它和谐共存的一面。围棋的一黑一白，代表了事物矛盾的正反两个方面。双方对弈的过程，实际上就是一个不断追求平衡和不断打破平衡的过程。白方进攻，黑方就必然防守；黑方取得了实地，白方就会用外势来抗衡。在围棋的对局中，棋局的平衡关系总是在不断地互相转化着，双方的每一招棋都在追求平衡和打破平衡中落子。

◆围棋中的客观规律。围棋的对局能产生出无穷无尽的变化，这些变化反映了围棋的内在规律。对局中，双方的棋子从无到有，从弱到强，从个体到整体，棋子之间既有矛盾，又有联系。虽然棋局的形态千变万化，但却非常符合事物发展的一般规律。

◆围棋充满了辩证的理念。围棋从形式到内容、从战略到战术、从布局开始到收官结束，无不充满了辩证的理念。在对弈过程中，局部与全局、优势与劣势、进攻与防守、实地与虚势、厚形与薄形、死棋与活棋、先手与后手、轻灵与滞重、取得与舍弃等，都体现了辩证法的魅力。

◆围棋充满人生哲理。下棋要懂棋理，走正着；人要有道德，走正道。下棋要有大局观，意图要明确；人生也一样，要有长远规划，有既定目标。下棋取得了优势时，要善于一步步地把优势转变为胜势，当棋局处于劣势时，要耐心地等待扭转局势的机会。人生也是如此，要正确对待顺境与逆境。下棋要平心静气地对待输赢，生活中也要心平气和地看待名利和荣辱。棋局中经常会出现各种选择，人生中也经常面临各种选择。总之，围棋能够使人在休闲娱乐之中得到人生的感悟。

哲理故事——看得远才能赢得下

18岁那年，陈祖德作为中国围棋选手访问日本，与日本九段棋手杉内雅男过招儿。陈祖德使出浑身招数，却一败涂地，连输三局。事后，他反复研究却想不通为何失败。因为按照老师教给的招数，自己一步也没有走错。

老师问他：“你当时是不是很想赢？”他回答说：“是！”老师说：“这就是你失

败的原因！”陈祖德一脸不解。老师接着说：“输赢迷惑了你的眼睛，你看不到远处的棋眼。要记住，围棋最大的对手不是别人，而是你自己。因为，只有看得远，才能赢得下！”陈祖德默默地思索，终于悟到了老师话中的真谛：淡泊名利，才能出奇制胜。

一年后，日本围棋队访问中国。陈祖德再次迎战杉内雅男。这次，陈祖德抛掉了一切杂念，举重若轻，下好每一个棋子。经过 9 小时鏖战，最后赢了对手。

文化感悟

棋如人生，人生如棋。围棋中包含很多做人的道理。

你对围棋文化有哪些体会？请写下你的感想。

第12课　国画文化

文化说略

在2018年的《国家宝藏》特展中，故宫博物院推荐的宝物中有《千里江山图》。《千里江山图》将中国山河的宏伟囊括于画卷中，具有巅峰级水准和较强的家国情怀。

《千里江山图》是北宋王希孟创作的作品。这幅画卷不仅是青绿山水的代表性作品，而且集北宋以来水墨山水之大成，并将创作者的情感付诸创作之中。

中国的绘画

中国的绘画史可以上溯到石器时代。最初的中国绘画主要画在陶器和岩壁上，后来逐渐发展到画在墙壁、绢和纸上。

汉代的墓室壁画、帛画，深沉雄大；魏晋南北朝时期的绘画发展得最为突出的是人物画和动物画；隋唐时期的绘画有了全面的发展，仕女画及宗教画更见完备。宋代设立了“书画院”,“画学”被正式列入科举；元代“文人画”盛行，诗、书、画的结合体现了中国画的又一次创造性的发展；明清的绘画流派纷繁，各个画科全面发展，山水、花鸟的成就最为显著，表现手法有所创新。

新中国成立后，中国美术开始了一个新阶段。当时，中国画创作主要体现为延安革命美术传统、苏联社会主义现实主义和徐悲鸿所倡导的写实主义相结合而成的形式。“文化大革命”的到来，使得中国画的发展几乎陷于停顿。改革开放以来，革新中国画的探索呈现多元趋势，对组织中国画的创作、研究与销售等，都作出了积极的贡献。

国画的分类

国画，即中国画，是我国传统艺术形式之一。按照内容，国画可分为以下三大类。

人物画，指以人物形象为主体的绘画，大体有道释画、仕女画、肖像画、风俗画、历史故事画等。人物画力求人物个性刻画逼真传神、气韵生动。

山水画，指以描写山川自然景色为主体的绘画。山水画的特征是有意境，追求“境界”，亲近自然、陶冶情操、净化心灵。

花鸟画，指以花、鸟、鱼、虫等为描绘对象的绘画。花鸟画的表现技法多样，从绘画手法看有工笔花鸟画和写意花鸟画，从水墨色彩看有水墨花鸟画、泼墨花鸟画、设色花鸟画、白描花鸟画等。

五代南唐画家顾闳中的《韩熙载夜宴图》，是人物工笔画的传世经典之作。画家通过对人物不同姿态、目光等的描绘，以形写神。画中人物的身姿容貌处理得生动传神。

北宋画家崔白的花鸟画《寒雀图》，绘声绘色地描写了几只活跃的小麻雀，给荒寒的自然景色增添了生机，赞美了生命力的顽强不息。该画构图巧妙，布局得当。这幅画卷敷色轻淡，将写意和工笔和谐统一。

工笔画和写意画

工笔画和写意画是国画两种画法。

工笔画用笔工整细致、敷色层层渲染，细节明彻入微，用极细腻的笔触描绘事物，着重线条美，一丝不苟，通过取神得形、以线立形、以形达意获取神、形的完美统一。在工笔画中，不论是人物画，还是花鸟画，关注“细节”，注重写实。

写意画用简练、豪放、洒脱的笔墨，描绘物象的形和神，抒发作者的感情。写意画要求有高度的概括能力、以少胜多的含蓄意境。

另外，国画还有一种画法叫“兼工带写”，综合运用了工笔和写意这两种方法。一幅画中的形象，有笔法工整细致的部分，也有较放纵写意的部分，用工、写二种笔法，表现出物象的形神。

工笔画

写意画

兼工带写画

国画的特点

有人说，西洋画是“再现”的艺术，中国画是“表现”的艺术。国画的主要特点是：

◆追求神似，注重意境。国画讲究“气韵生动”，不拘泥于物体外表的肖似，多强调作者的主观情趣，也就是讲求“以形写神”，追求一种“妙在似与不似之间”的感觉。不仅画出事物的形态，还要画出其内在的意蕴。

◆以墨线为造型的主要手段。国画注重线条勾画，不管是人物、山水还是花鸟鱼虫，多使用线条和墨色。

◆诗、书、画、印相融合，产生形意相生、形色相映的艺术效果。

绘画的工具

国画的绘画工具主要有笔、墨、颜料、纸、砚等。

毛笔为中国所创，毛笔可分为硬毫，软毫和兼毫。选笔的标准是“尖、齐、圆、健”。

“尖”是笔锋尖锐，蘸墨后尖利如故；“齐”是修削整齐，笔尖铺开压扁，笔毛一律崭齐；“圆”是圆浑饱满；“健”是劲健有力。

墨在中国绘画中具有独特的地位。墨有固体墨与液体墨两种。国画的传统用墨是固体墨。液体墨由于使用方便，现在十分普及，用于写意画较好。

国画使用的颜料包括植物颜料、天然矿物颜料及化学合成颜料三大类。植物颜料可以相互调和使用，但容易退色。矿物颜料相互不能调和使用，但覆盖力强，不易退色。化学合成颜料使用方便、价格低廉，但颜料本身的色泽远不及天然矿物颜料纯正美丽，容易退色。

国画用纸种类广泛，如宣纸、皮纸、棉纸等，还有绫、绢等织物也是绘画的材料。

砚是磨墨用的，要求细腻滋润，容易发墨，并且墨汁细匀无渣。砚是一种久负盛名的中国传统手工艺品。中国四大名砚为歙砚、端砚、洮砚及澄泥砚。

歙砚

端砚

洮砚

澄泥砚

中国十大传世名画

《洛神赋图》为东晋顾恺之的画作，描绘了曹植与洛神真挚纯洁的爱情故事。《洛神赋图》原作已失，现传世的是宋代摹本。

《清明上河图》为北宋画家张择端仅见的存世精品，该画描绘了北宋时期都城（今河南开封）的自然风光和繁荣景象，具有很高的历史价值和艺术价值。

《富春山居图》为元代画家黄公望的绘画作品。该画因被焚而成两段，前半卷《剩山图》现收藏于浙江省博物馆；后半卷《无用师卷》现藏台北“故宫博物院”。

《汉宫春晓图》为明代画家仇英创作的一幅仕女画。该人物长卷画生动地再现了汉代宫女的生活情景，被誉为中国“重彩仕女第一长卷”。

《百骏图》由意大利籍清代宫廷画家郎世宁创作。此图共绘有 100 匹骏马，姿势各异，尽显骏马之态。

《步辇图》是唐朝画家阎立本的名作之一。作品反映的是松赞干布迎娶文成公主入藏的故事，具有珍贵的历史和艺术价值。

《唐宫仕女图》，作者是唐代张萱、周昉。该画描绘了唐代美女众生相。

《五牛图》为唐朝韩滉创作的黄麻纸本设色画。该画是少数几件唐代传世画真迹之一。

《韩熙载夜宴图》是五代十国时期南唐画家顾闳中的绘画作品。该画描绘了官员韩熙载在家设夜宴载歌行乐的场面。

《千里江山图》为北宋王希孟创作的绢本设色画。

《洛神赋图》布局采用了连续多幅画面表现一个完整情节的手法，人物安排疏密得宜，开创了中国传统绘画长卷的先河。

文化审美

◆国画的意境之美。国画的精髓是不但要把事物的形神传达给观众，重要的是画家要把思想感情也传染给观众，即在绘画的过程中将自己表达的思想感情和画面感受有机结合在一起，寓情于景，情景交融，借景抒情。例如，山水画中山川壮丽、小桥流水、山路崎岖、楼台高立等，使人们感受到了画家对大自然的那份深情，感受到了充满情趣的、有独特意境的美。

◆国画的笔墨之美。国画以线造型，行笔快慢、顿挫、提按与墨色干湿、巧拙、涩畅交替使用，加上墨与色在宣纸上的渗化，塑造出生动的艺术形象。墨色的浓淡变化，使画面产生层次；墨或彩的泼洒、点染、堆积形成色彩变化的独特的效果。

◆国画的色彩之美。国画用色独特：白描画只勾线不染色，素雅别致；浅绛山水画浅浅敷色、水墨淡彩；工笔画勾勒填彩；没骨画以色彩运笔造型，将线隐在物象形体之中。

◆国画的气韵之美。国画运用多种形式和艺术语言来追求气韵生动，无论是诗、书、画、印的安排，还是画中人物、景物的布局，都强调恰到好处地处理疏密、繁简、动静、聚散等画面关系，使画面浑然一体，韵味十足。

郎世宁与新体画

郎世宁是意大利人，清康熙时期来到中国，在中国从事绘画 50 多年，并参加了圆明园西洋楼的设计工作，极大地影响了康熙之后的清代宫廷绘画。主要作品有《十骏犬图》《百骏图》《乾隆大阅图》等。

据文献记载，郎世宁的画法被称作“线画法”，采纳中国绘画技巧而又保持西方艺术的基本特点，融中国工笔绘画技法和西洋画三维要领为一体，从而形成了自己独有的风格并开启了新的画风，在一定程度上代表了西方文化和中国文化的汇通。

郎世宁的《百骏图》既有欧洲油画的特点，又有中国传统绘画之笔墨趣味：幽远空阔，全图颜色亮丽，形象传神。其作品既有光线上的精细处理，又有对细节纹路的墨线勾勒。

史事拾微

《清明上河图》的流传

《清明上河图》为北宋画家张择端所作，该画生动记录了北宋都城的城市面貌和当时社会各阶层人民的生活状况。

据说《清明上河图》最早由北宋宫廷收藏，“靖康之难”后流入民间，历经辗转，后为南宋贾似道所得。元朝时再度进宫，至正年间又流落民间。明朝时该画落到严嵩、严世蕃父子手上，严嵩倒台，图被没收进而第三次纳入宫廷。后来，太监冯保将其偷出，在画上加了题跋，之后真本又不知去向。清朝时，该画为湖广总督毕沅收藏，毕沅死后，《清明上河图》第四次进宫，深藏紫禁城内，一直在清宫珍藏。

1911 年以后，《清明上河图》连同其他珍贵书画一起，被溥仪盗出宫外，先存在天津租界内的张园，后来被带到长春。长春解放后，该画被收缴，后来又调到故宫博物院珍存。

诗文传情

题画竹

（清）郑燮

四十年来画竹枝，日间挥写夜间思。
冗繁削尽留清瘦，画到生时是熟时。

画　鹰

（唐）杜甫

素练①风霜起，苍鹰画作殊②。㩳身③思狡兔，侧目似愁胡④。
绦镟⑤光堪擿⑥，轩楹势可呼⑦。何当击凡鸟⑧，毛血洒平芜⑨。

【注释】

①素练：作画用的白绢。②殊：特异。③㩳（sǒng）身：即竦身，收敛躯体准备搏击的样子。④似愁胡：形容鹰的眼睛色碧而锐利。⑤绦：丝绳，指系鹰用的丝绳。镟（xuàn）：指鹰绳另一端所系的金属环。⑥堪擿（zhāi）：可以解除。擿，同“摘”。⑦势可呼：画中的鹰势态逼真，呼之欲飞。⑧击凡鸟：捕捉凡庸的鸟。⑨平芜：草原。

墨 梅

（元）王冕

吾家洗砚池[1]头树，个个花开淡墨[2]痕。
不要人夸好颜色，只留清气满乾坤。

【注释】

①洗砚池：写字、画画后洗笔砚的池子。②淡墨：水墨画中常将墨色分为四种：清墨、淡墨、浓墨、焦墨。这里是说那朵朵盛开的梅花，是用淡淡的水墨点化成的。

哲理之思

国画处处体现着哲学意味

◆似与不似。国画是意象艺术，国画中的很多作品看上去“形”并不准确，但艺术张力浑厚。“似与不似”是国画的一条艺术规律，它明确、简练概括了国画的一条造型原则。

◆虚与实。国画讲究虚实相生，非常自然地留有空白，以便让读者自己还原全景和全貌，重在自身的体会与精神感应，强调内心的主观情怀与自然物象的交融、升华。与写实油画相比，国画可以把不同时空的人物、景致、花鸟融合在同一个特定的环境中，还可以把不同时间观看的景物呈现在同一个画面中。

◆形与神。在国画中“形”是指事物或人的视觉形象，“神”指事物或人的精神状态。“以形写神”是国画的创作理念，人物画对“神”的要求更高。当然，国画创作虽然重“神”，但也不轻“形”，因为“形”是“神”的附属和表现。国画崇尚的是“形”与“神”的和谐合一。

◆情与景。国画不是纯客观、刻板的自然描绘，而是把作画的客体作为传达情感的载体，来抒发画家自己内心的情绪。国画讲究情、意、趣，传统文人画更凸显抒情、立志。郑思肖借墨兰表露气节，王冕画墨梅情操，八大山人用白眼鱼鸟发泄亡国之愤，徐悲鸿画出了剽悍、勇猛、耐劳、忠实的马，展示的是画家自己的精神与气质。

关于绘画的哲理名言

◎作画妙在似与不似之间，太似为媚俗，不似为欺世

——齐白石

◎山水画乃写自然之性，亦写吾人之心

——黄宾虹

◎出新意于法度之中，寄妙理于豪放之外

——苏轼

◎惟绝似又绝不似于物象者，此乃真画

——黄宾虹

◎意存笔先，画尽意在

——张彦远

◎学画所以养性情，且可涤烦襟，破孤闷，释躁心，迎静气

——王昱

◎以气韵求其画，则形似在其间矣

——张彦远

◎夫画道之中，水墨最为上，肇自然之性，成造化之功

——王维

◎味摩诘之诗，诗中有画，观摩诘之画，画中有诗

——苏轼

◎无画处皆成妙境

——笪重光

文化感悟

国画是中华民族文化的沉淀，承载着中华民族的精神。你可以通过欣赏国画或学习绘画，从中感悟国画文化。

写一写，你对国画文化的感想。

第 13 课　京剧文化

文化说略

2018 年 6 月 24 日，在纽约佩斯大学文化艺术中心，由童小苓和李军联袂主演的京剧《乱世佳人》成功上演。美国观众在社交媒体上留下不少评论，一位观众写道："京剧艺术别开生面，让我开了眼界"。

早在 1930 年 2 月 16 日，京剧艺术家梅兰芳登上美国的舞台，当晚的表演反响热烈，接下来两个星期的戏票三天内便一售而空，在美国掀起了"梅兰芳热"和"中国热"的浪潮，这是中国近代史上最为成功的一次对外文化传播事件，成为中国传统文化对外传播的里程碑。近些年来，京剧走出国门没有停止过，上海京剧院根据莎士比亚的《哈姆雷特》改编的《王子复仇记》，十几年来海外邀约不断。走出国门的京剧传播国粹艺术，宣扬了中华文明。

2010 年，京剧成功入选联合国教科文组织的《人类非物质文化遗产代表作名录》。

京剧艺术

京剧是我国的国粹，是流行于全国的重要剧种之一。清乾隆五十五年（1790），原来在南方演出的三庆、四喜、春台、和春 4 个徽班陆续进京演出。他们同来自湖北的汉调艺人合作，相互影响，又接受了昆曲、秦腔的部分剧目、曲调和表演方法，并吸收了一些民间曲调，逐渐融合、演变，发展成为京剧。京剧融合了中国南北方戏剧元素，孕育于民间，在北京发展成熟，广泛流布于全国。

京剧的音乐基本上属于板腔体，唱腔以徽调的二黄和汉调的西皮为主，所以旧时称之为"皮黄"。另有反二黄、南梆子、四平调、吹腔、高拨子等唱腔。伴奏乐器以京胡为主，二胡、月琴、三弦为辅。有的唱腔及乐曲以唢呐、笛等伴奏。打击乐器有单皮鼓、檀板、大锣、小锣、铙钹、堂鼓等。

京剧表演讲究唱、念、做、打并重，常用虚拟动作，重视情景交融、声情并茂。

唱：指京剧的唱腔。京剧的唱腔有快、慢、缓、急、托腔等。

念：指京剧中的说话，用京剧的术语讲就是念白。京剧的念白分京白、韵白、方言白三种。

做：指京剧的表演，可概括为手、眼、身、法、步。

打：指京剧中的格斗与战争场面。

京剧传统剧目很多，流行的有《将相和》《群英会》《空城计》《贵妃醉酒》《三岔口》《拾玉镯》《打渔杀家》等。

京剧行当

京剧行当又称角色，主要可分为“生”“旦”“净”“末”“丑”五大行当。

“生”分为老生（须生）、小生、武生等。

“旦”分为青衣、花旦、武旦、老旦等。

“净”又称“花脸”，分文净、武净等。

“末”专司引戏职能。

“丑”又称小花脸、三花脸，分文丑、武丑，多扮演诙谐幽默的角色。

京剧服饰

传统京剧服饰带有强烈的中国特色，无论是色彩搭配，还是图案设计，都秉承着中国京剧艺术一贯的写意风格与象征手法，豪华而绚烂。京剧服饰不分季节性和朝代性，具有很大的兼容性，不论春夏秋冬，不论哪朝哪代，都遵循固定的着装套路。在具体穿戴时，必须按照人物的身份、地位进行穿戴，不容有丝毫差错。

京剧演出服饰按照人物类型进行了划分，其中蟒、帔、靠、褶、衣是我国京剧演出服饰的重要服饰类型。

男蟒

男女帔

男靠

女褶子

京剧脸谱艺术

京剧脸谱是一种具有中国文化特色的特殊化妆方法。由于每个历史人物或某一种类型的人物都有一种大概的谱式，就奏乐都要按照乐谱一样，所以称为“脸谱”。

脸谱对于不同的行当，情况不一。“生”“旦”面部化妆简单。而“净行”与“丑行”面部绘画比较复杂，特别是“净”，重施油彩，图案复杂，因此称“花脸”。

京剧脸谱的艺术特色主要表现在变形、传神、寓意三个方面。每一种脸谱画法各异，但都是从人的五官部位、性格特征出发，以夸张、美化、变形、象征等手法来寓褒贬，分善恶，从而使人一目了然。

脸谱最初的作用，只是用夸张的手法表现剧中人物的特征，以此来为整个戏剧的情节服务，发展到后来，脸谱逐渐成为了一种具有民族特色的艺术。

京剧脸谱色彩十分讲究，脸谱的通用色彩含义举例如下。

红色一般是表现忠贞、英勇的人物，多为正面角色，如关公等。也有用于讽刺，表示假好人。

黑色一般是表现正直、无私的人物，如包公。有的表示阴阳中的阴或鬼魂。也有的用以表示肤色较黑或面貌丑陋。

白色一般是代表阴险、奸诈的人物，如曹操。也用于表示太监或老人。

紫色一般是表现刚正、沉着的人物。也用于表示面色不好的人物等。

黄色一般是代表骁勇的人。

蓝色一般是表现刚强、骁勇且有心计的人。

金色一般是神仙、高人。也可表示猛将。

京剧四大名旦

京剧四大名旦是指梅兰芳、程砚秋、尚小云、荀慧生，他们是我国京剧旦角行当中四大艺术流派的创始人。无论扮相还是作品，他们都是时代经典。民国时期，他们始终坚持弘扬国粹，坚守着爱国的气节；新中国成立后，他们仍然不改初心，坚持将京剧艺术推向新的高度。

梅兰芳，中国京剧表演艺术大师，代表作有《贵妃醉酒》《天女散花》《宇宙锋》《打渔杀家》等。梅兰芳在京剧唱腔、念白、舞蹈、音乐、服装上均进行了独树一帜的艺术创新，发展了京剧旦角艺术。梅兰芳综合青衣、花旦等的表演特点，创造出自己特有的表演形式和唱腔，形成了一个具有独特风格的艺术流派，世称“梅派”。梅兰芳曾率团赴美国、苏联等国演出京剧并考察国外戏剧，被人们称为中国京剧艺术的文化使节。

程砚秋，中国京剧表演艺术大师，代表作有《锁麟囊》《荒山泪》《文姬归汉》《春闺梦》等。程派艺术至今仍传唱不衰。程砚秋编创了许多具有爱国主义思想的剧目，引起观众强烈共鸣。在表演上，无论眼神、身段、步法、指法、水袖、剑术等，程砚秋都有一系列创造，作为一个完整的艺术流派，展现在京剧艺术舞台上。

尚小云，中国京剧表演艺术大师，代表作有《昭君出塞》《三娘教子》《战蒲关》《秦良玉》等。尚小云在近六十年的舞台实践中创造出了“文武并重，歌舞兼长，清新英爽，洒脱大方”的京剧尚派艺术，对后世影响极其深远。他锲而不舍、精心琢磨的剧目，不仅代表着尚派艺术的风格特色，而且与梅、程、荀的传世名作一样，至今仍代表着京剧旦角艺术的最高水平。

荀慧生，中国京剧表演艺术大师，代表作有《红娘》《红楼二尤》《玉堂春》《棋盘山》等。荀慧生功底深厚，汲取梆子戏旦角艺术之长，形成了独特的艺术风格，世称“荀派”。

京剧四大名旦合影

梅兰芳《贵妃醉酒》剧照

文化审美

京剧艺术集中体现了中国传统文化的精髓，被誉为“国粹”。

◆京剧具有写意型、虚拟性、程式化的艺术特点。写意型是指京剧不崇尚单纯的真实，一桌二椅，三大件伴奏，三五人的表演，就反映出大千世界的万事万物，追求的是意境和神韵；虚拟性以京剧舞台上的一桌二椅为例，它们既可以作为餐桌、写字台和衙门里的公案，也可以是桥梁和山峰；程式化是指京剧的唱念做打、手眼身法步要有一定规矩、章法和套路，人物的年龄、性格、地位等还要由行当来区分。正是这些独特的艺术特点，使中国京剧艺术被列为世界三大表演体系之一。

◆京剧是熔歌、舞、演于一炉的综合性舞台艺术。京剧剧目多数取材于中国古典文学。京剧的表现力十分丰富，正剧、喜剧、悲剧应有尽有；京剧的行当程式齐整完满，生旦净末丑样样齐全，各种唱腔丰富多彩、变化万千。这使得京剧具有很强的大众性。

◆京剧集中体现了中国人的审美趣味。京剧的简约之美，可与书法和国画艺术相呼应；京剧的比拟与象征是古典文学常用的修辞手法；京剧唱腔中的韵律和古代诗歌的韵律基本一致；京剧的服装是综合了不同时期的服饰并加以美化的成果。

◆京剧体现了中国传统文化的内涵。京剧的精神核心是中国传统文化，大多剧目表现的是中华民族的人文精神宣传亲情孝道，宣扬忠义、弃恶从善，宣扬忠贞爱情等。丰富多彩的程式化表演、有始有终的故事情节，使观众在陶醉于艺术的同时获得思想道德教化。

《杨门女将》讲述了宋天子因朝中无人领兵挂帅想与敌国求和，杨家遗孀强忍悲痛，佘太君挂帅，穆桂英做前锋，杨门女将上阵杀敌的英勇故事。

《铡美案》，讲述了包拯不畏权势，执法如山，把驸马陈世美依法斩杀于龙头铡之下的故事。

史事拾微

蓄须明志

1941年，日军侵占香港，梅兰芳担心日本人会来找他演戏，便留蓄胡子，不为日本人和汉奸演出。他对友人说："别瞧我这一撮胡子，将来可有用处。日本人要是蛮不讲理，硬要我出来唱戏，那么，坐牢、杀头，也只好由他了。"日本人找梅兰芳，一定要他登台演出几场，以表现日本统治香港后的繁荣，但看到梅兰芳留蓄胡子，气呼呼地走了。

梅兰芳在抗战期间断然蓄须明志，不为民族敌人演出，表现了其不屈不挠的精神。这一事件成为神州大地感人的佳话，在中华儿女中广为传颂。

革命现代京剧

相对于传统京剧，在新中国成立之后创作的反映社会现实生活的新京剧，被称为现代京剧。

20 世纪六七十年代创编的京剧《红灯记》《沙家浜》《智取威虎山》《海港》《奇袭白虎团》、芭蕾舞剧《红色娘子军》《白毛女》，交响音乐《沙家浜》等，被称为样板戏。以后又排演了《杜鹃山》《平原作战》《龙江颂》等一大批京剧剧目，统称为革命现代京剧。这些作品反映了中国人民在中国共产党领导下进行武装斗争和经济建设的状况，被赋予了广泛的政治意义，在全国产生了巨大的影响。

《红灯记》的故事取材于电影《自有后来人》。

《红灯记》讲述了这样一个故事：在抗日战争时期的东北敌占区，我地下党工作者李玉和接受了转送密码的任务。由于叛徒的出卖，李玉和遭日寇杀害，李玉和的女儿铁梅继承父志，将密电码送上山，游击队歼灭了追赶铁梅的日寇。

《沙家浜》的前身是沪剧《芦荡火种》。讲述了抗战时期江南新四军浴血抗日的故事。

新四军某部指导员郭建光带领十八名新四军伤病员在沙家浜养伤，"忠义救国军"胡传魁、刁德一假意抗战暗投日寇，共产党员阿庆嫂依靠以沙奶奶为代表的进步抗日群众，巧妙掩护新四军伤愈并最终归队。沙家浜敌顽武装最终被消灭。

《智取威虎山》据《林海雪原》改编而成，讲述了 1946 年解放军对东北地区的匪帮余孽进行清剿的故事。

臭名远扬的座山雕狡猾残暴，盘踞地势险要的威虎山，祸害夹皮沟，当地民不聊生，怨声载道。杨子荣假扮匪徒上山送联络图，博取座山雕的信任。杨子荣深入虎穴，大智大勇。最后与解放军追剿队里应外合，全歼匪众，无一漏网。

诗文传情

关于京剧的对联或登在报刊上，或写在戏台柱子上，有时也出现在京剧大赛上。这些对联言简意明，使人回味无穷，充分显示出京剧艺术的魅力。

1921年，为救赈湖南水灾，梅兰芳、杨小楼演过一次义务戏，报刊登小启，其中的一则对联如下：

听月下一曲梅花　吹落九天珠玉
分瓶中几枝杨柳　洒成万户琼浆

1930年年初梅兰芳赴美国纽约演出，其间一副对联非常醒目：

四方王会夙具威仪　五千年文物雍容　茂启元音辉此日；
三世伶官早扬俊采　九万里舟船历聘　全凭雅乐畅宗风。

下面的关于京剧的对联也较有特色。

学君臣　学父子　学夫妇　学朋友　汇千古忠孝节义　重重演出　漫道逢场作戏
或富贵　或贫贱　或喜怒　或哀乐　将一时离合悲欢　细细看来　管教拍案惊奇

形似非神似　神似才为真
神形合一体　方是剧中人

或为君子小人　或为才子佳人　登场便见
有时欢天喜地　有时惊天动地　转眼皆空

做做做　做出形形色色
看看看　看他是是非非

借虚事　指点实事
托古人　提醒今人

哲理之思

在当今多元文化的趋势面前，京剧艺术渐渐从文化的主流滑向了边缘地位，懂京剧、爱京剧的人越来越少，京剧如何随着时代的发展而发展，成为一个迫切的问题。

首先，我们应该认识到，京剧作为一种古典艺术在当今时代陷入不景气是一种必然的现象。从艺术发展规律来讲，每一种艺术形式都是它所处的那个时代或社会环境和氛围的产物，当社会环境和氛围发生变化以后，它的地位也会相应发生变化。中国的京剧、欧洲的歌剧都经历过这样的变化。

其次，京剧的传承与创新并不矛盾，没有传承就没有创新和发展。只有在全面深刻了解传统的基础上，才有能力塑造新的形象、新的内容。京剧的古典传统性决定了京剧的发展和创造都必须从继承起步，因为京剧有自己的“规矩”，不掌握表演法则或规矩，就谈不到表演和艺术。在遵循京剧表演规律的基础上做到创造性转化，创新性发展，才能使传统不断发展。

再次，传统京剧要赢得当代观众的青睐，应兼顾当代人的审美特点。将传统艺术与现代化的传播手法、新时代的审美需求相结合，吸引人们尤其是年轻人关注京剧艺术，才能重新拥有观众市场和不断发展的可能。

最后，京剧在现代仍然具有较旺盛的生命力。近些年来，国家有关部门已加大力度扶持戏曲事业，实施当代戏曲名家优秀代表作推广工程，建立戏曲文化数字平台。一些中小学将京剧作为特色校本课程设课，一些剧团送戏进大学校园，有些高校还成立了业余京剧社团。因此，对于京剧的发展，我们应当保持乐观的态度。

戏曲进校园

2008 年，教育部决定在北京、天津、上海、江苏等 10 个省区市试点，在音乐课程中增加京剧教学内容，并公布了 15 首“京剧进校园”剧目中的唱段。京剧进校园的重要意义在于传承和弘扬中华优秀传统文化，让学生们认识并喜欢上更多的民族艺术，接受传统优良品德和民族精神的教育。京剧进校园引起了社会各界的广泛关注。试点单位组织学生观看京剧作品，开展京剧教育活动，加强京剧社团建设等，培育学生对京剧的兴趣。

2017 年 8 月，中宣部、教育部、财政部、文化部联合发布《关于戏曲进校园的实施意见》，确定的总体目标是：2017 年，在试点基础上，有条件的省区市大中小学以及中央部委所属高校争取实现所有学生免费欣赏 1 场优秀戏曲演出。2018 年，戏曲进校园活动蓬勃开展，戏曲教育丰富多样，争取实现全国所有大中小学每个学生每年免费欣赏 1 场优秀戏曲演出。2020 年，戏曲进校园实现常态化、机制化、普及化，基本实现全覆盖。

文化感悟

京剧艺术集音乐、演唱美术、舞蹈和武打等各种表演手段为一身，魅力无穷。脸谱是绘画艺术，身段是形体艺术，夹叙夹议的唱词如诗如歌，是很好的文学范本。京剧不仅供人欣赏、娱乐，而且寓教于乐，十分重视弘扬美德，给人以熏陶、教益和启迪。

你对京剧有什么感悟？请看一出京剧经典曲目，学一段京剧唱段，写一写对京剧文化的感受。

第 14 课　中医药文化

文化说略

2015 年，因发现治疗疟疾的新药物疗法中国女科学家屠呦呦获得诺贝尔生理学或医学奖。多年从事中药和中西药结合研究的屠呦呦，带领团队创造性地研制出抗疟新药——青蒿素和双氢青蒿素，被誉为“拯救 2 亿人口”的发现，为中医药走向世界指明了一条方向。

“青蒿素——中医药给世界的一份礼物”，随着屠呦呦获得诺贝尔奖，这句话迅速为全世界所知，在中国乃至全世界引发了更多人对中国传统医药的关注和兴趣。

2015 年 12 月 7 日下午，屠呦呦在瑞典卡罗林斯卡医学院用中文发表《青蒿素的发现：传统中医献给世界的礼物》的主题演讲。在演讲中，她回顾了青蒿素的发现过程。并谈到：中国医药学是一个伟大宝库，应当努力发掘，加以提高。中西医药各有所长，二者有机结合，优势互补，当具有更大的开发潜力和良好的发展前景。中医药从神农尝百草开始，在几千年的发展中积累了大量临床经验，对于自然资源的药用价值已经有所整理和归纳。通过继承发扬，发掘提高，一定会有所发现，有所创新，从而造福人类。

中医药文化的基本形态

中医药是一个反映中华民族对生命、健康和疾病的认识且具有悠久历史传统和独特理论及技术方法的医药学体系。春秋战国时期中医药理论已基本形成，之后历代均有总结发展。清朝末年，现代医学（西医）涌入，中医药学受到巨大挑战。目前，中医药在中国仍然是治疗疾病的常用手段之一。2018 年 10 月 1 日，世界卫生组织首次将中医纳入其具有全球影响力的医学纲要之中。

中医药文化，是指有关中医药的思维方式、传统习俗、行为规范、生活方式、文学艺术等。中医药文化结构包括以下几个层次。

中医药物态文化包括中医的诊疗器物、标识器物、药用本草、承载文献等事物。

中医药制度文化包括关于中医药方面的政策、法令和制度等各种社会行为规范。

中医药行为文化包括中医的诊疗方式、本草药用、传承教育等行为模式。

中医药精神文化包括与中医有关的思维方式、价值取向、道德规范、文学艺术等精神方面的内容。

中医药学除医学属性和特征外，还有鲜明的文化属性和特征，蕴含着深厚的中国传统文化并在中国传统文化的深厚底蕴中形成和发展。

中医四诊

中医四诊是指春秋战国时期名医扁鹊提出的“四诊法”：望、闻、问、切。这四种诊法至今依然普遍使用，是中医辨证施治的重要依据。

◆望诊通过观察病人的神、色、形、态、舌象等以测知内脏病变，确定病位、病性。中医通过大量医疗实践，逐渐认识到机体外部特别是面部、舌质、舌苔与脏腑的关系非常密切。

◆闻诊通过听声音和闻气味，以了解病体发出的各种异常声音和气味，诊察病情。

◆问诊通过询问病人或陪诊者，了解疾病的发生、发展，治疗经过、当前症状及其他与疾病有关的情况，以诊察疾病。

◆切诊通过切按病人的脉搏和触按病人的皮肤、胸腹、手足以诊察疾病。

中医治疗方法

中医治疗方法按治疗途径可分为外治、内治两大类。外治有针灸疗法、推拿疗法、拔火罐疗法等。内治则有各种中草药疗法。除了各种具体疗法以外，中医还有极其重要的治疗思想，如强调营养为主、精神为主、预防为主、整体为主等。

中药指在中医理论指导下用于诊断预防、治疗疾病并具有康复与保健作用的药物。中药主要来源于天然药及其加工品，包括植物药、动物药、矿物药及部分化学、生物制品类药物。

针灸是针法和灸法的总称。针法是指在中医理论指导下把针具刺入患者体内，运用捻转与提插等手法来对人体特定部位进行刺激而治疗疾病。灸法是以预制的灸炷或灸草在体表一定的穴位上烧灼、熏熨，利用热的刺激来预防和治疗疾病，通常以艾草最为常用。

推拿指用手在人体上按经络、穴位用推、拿、提、捏、揉等手法进行治疗。

拔罐指以罐为工具，利用燃火、抽气等方法产生负压，使之吸附于体表，造成局部淤血，以通经活络、行气活血、消肿止痛、祛风散寒。

刮痧以中医经络腧穴理论为指导，使用特制刮痧器具和相应手法，蘸取刮痧油在体表进行反复刮动、摩擦，使皮肤局部出现红色血点等“出痧”变化而治疗疾病。

外敷是指将中药敷于患处或穴位，以达到舒筋活络、消肿止痛、拔毒等功效。

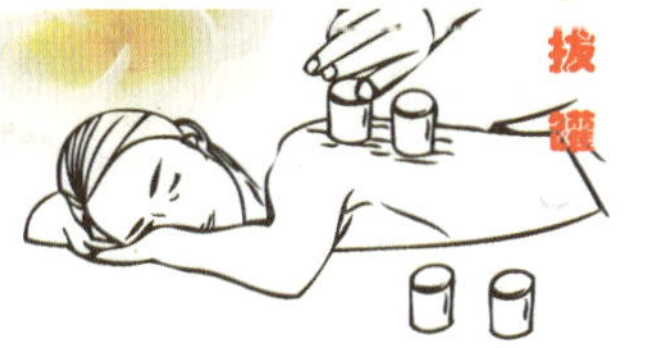

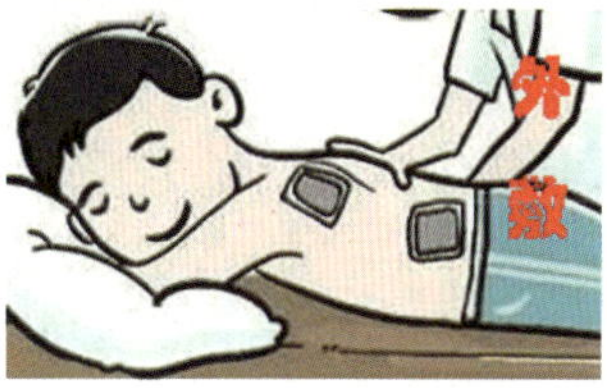

中医药四大经典

《黄帝内经》《难经》《伤寒杂病论》《神农本草经》是中医药四大经典巨著，它们在中医药发展史上具有重要作用，具有里程碑式的意义，对古代乃至当代中医药都有着巨大的指导作用与研究价值。

《黄帝内经》第一次系统讲述了人的生理、病理、疾病、治疗的原则和方法，是中国影响极大的一部医学著作。《黄帝内经》中还有许多与人体健康有关的其他内容，特别是其中的“治未病”思想，对当代中医临床仍然具有非常重要的指导意义。《黄帝内经》蕴藏了很多哲理，医德思想内涵丰富、外延广泛。2011 年 5 月，《黄帝内经》成功入选联合国教科文组织的《世界记忆名录》。

《难经》传为秦越人（扁鹊）所作。《难经》之“难”字，有“问难”或“疑难”之义。全书共八十一难，采用问答方式，探讨和论述了中医的一些理论问题，内容包括脉诊、经络、脏腑、阴阳、病因、病机、营卫、腧穴、针刺、病证等方面。这些内容对后世医学理论的发展有深远的影响。

《伤寒杂病论》的作者是东汉末年著名医学家、被后人尊称为医圣的张仲景。《伤寒杂病论》系统地分析了伤寒的原因、症状、发展阶段和处理方法，创造性地确立了对伤寒病“六经分类”的辨证施治原则，奠定了理、法、方、药的理论基础。

它是我国第一部临床治疗学方面的巨著。

《神农本草经》，东汉时期集结整理成书，是众多医学家搜集、总结、整理当时药物学经验成果的专著，是对中国中医药的第一次系统总结，是中医药物学理论发展的源头。

《黄帝内经》中的养生格言

◎味伤形，气伤精。精化为气，气伤于味。

◎提挈天地，把握阴阳。呼吸精气，独立守神，肌肉若一。

◎怒则气上，喜则气缓，悲则气消，恐则气下，惊则气乱，思则气结。

◎志意和则精神专直，魂魄不散，悔怒不起，五脏不受邪矣。

中国古代名医

扁鹊，姓秦，名越人，战国时著名医学家，由于医术高超，人们借用黄帝时的神医“扁鹊”的名号来称呼他。扁鹊精于内、外、妇、儿、五官等科，在诊视疾病中，应用了中医四诊法。扁鹊还精于外科手术。扁鹊在诊断、病理、治法上对祖国医学作出了卓越的贡献。

张仲景，东汉末年著名医学家，被后人尊称为医圣。张仲景广泛收集医方，写出了传世巨著《伤寒杂病论》，对于推动后世医学的发展起了巨大的作用。

华佗，东汉末年著名医学家。他医术全面，尤其擅长外科，精于手术，并精通内、妇、儿、针灸各科。由于他在治疗中临证施治、诊断精确、方法简便、疗效神速，被誉为“神医”。华佗首创药物全麻术，被尊奉为外科之鼻祖，他创编的《五禽戏》流传至今。

李时珍，明代著名医药学家，着重药物研究，重视临床实践。李时珍著有《本草纲目》一书，共52卷，收药1892种，被称作“东方医学巨典”。另外他还有多部医学著作流传于世，被后世尊为“药圣”。

扁鹊纪念馆

华佗纪念馆

李时珍陵园

张仲景博物馆（医圣祠）

针灸铜人

针灸铜人是中国古代供针灸教学用的青铜浇铸的人体腧穴模型。

针灸铜人最早出现在宋代，医官王惟一在天圣年间铸造，因此也叫宋天圣针灸铜人，用于指导实际操作和考试。在此铜人身上，准确刻画了354个穴位。体型与正常人相等，四肢可以拆拼，内藏脏器。外刻穴位于全身，并涂一层黄蜡封固穴孔，内装水，以试医工之分寸，其针中穴位时，即流出水，针刺分寸不到穴位，水不出。随着时代变迁，针灸铜人的材质、穴位数和宋代最初的模具有所不同，但都基于宋代针灸铜人发展而来。针灸铜人是中医药文化的象征，全国乃至全世界的中医学校，都用经络铜人作教学工具。

2017年1月，习近平总书记向世界卫生组织赠送了礼物——针灸铜人。

作为礼品赠送给世界卫生组织的针灸铜人以国家博物馆所藏的铜人作为模版，由3D打印制作而成。（李学仁拍摄）

文化审美

中医药有着悠久的历史和辉煌的成就。作为过去几千年来人们维护健康、防治疾病的重要手段，在今天更以其独特的优势与现代医学体系互相补充，成为推动健康中国建设的坚定力量。

中医药对人的生命各种要素间的相互关系及其发展变化的各种状态，进行了高度概括和总结。“和”的思想深植于中医学的理论中，成为中医辨证诊治的重要依据，也必将在未来有广泛的应用价值和发展前景。

中医追求和谐，崇尚平衡。中医依善而立，不仅关心“人的病”，更关心“病的人”，强调仁心仁术。

史事拾微

人痘接种法

人痘接种采用人工的方法使被接种者感染一次天花而达到预防的目的。天花是一种烈性传染病，死亡率非常高。明朝时，与天花疾病的长期“斗争”中预防天花的人痘接种法产生了。中医应用“人痘接种法”预防天花，成为世界医学免疫学的先驱。

中国的人痘接种术对预防天花传播起到了一定作用，法国哲学家伏尔泰在《哲学通信》对此给予高度评价。他写道：“我听说一百年来，中国人一直就有这种习惯（指种人痘）。这是被认为全世界最聪明、最讲礼貌的一个民族的伟大先例和榜样。”

人痘接种法的预防效果，还影响到其他国家：1688 年传至俄国、土耳其；1721 年传至英国；1744 年，中国医生李仁山将人痘接种术首次带到日本。18 世纪中叶，人痘接种法传遍欧亚大陆。

明清时期的四大药局

我国中医药的发展带动了中药堂、中药铺的兴起，明清时期有四大药局之说。

同仁堂创建于 1669 年。同仁堂古训：炮制虽繁必不敢省人工，品味虽贵必不敢减物力。同仁堂的自律意识：修合无人见，存心有天知。

时济堂创建于 1573 年。时济堂在中医临床施治上，讲究“时、药、人”三位一体广治疑难杂症，推行“环保”“节约”，独树一帜。

胡庆余堂创立于1874年，全国重点文物保护单位。胡庆余堂的制药技艺非常独特，保存了一批民间的古方、秘方。胡庆余堂沉淀的丰富而独特的文化中，要数“戒欺”最深入人心。

陈李济是全国中药行业著名的老字号，创建于1600年，以“杏和堂”为商号，名噪大江南北。陈李济因诚信立业，陈李济人世代传承“同心济世，长发其祥”的宗旨，悉心研制炮制技术，形成陈李济的特色工艺，保证产品的质量和疗效。目前，陈李济药厂被国家命名为“中华老字号”，“陈李济文化”被列入《国家非物质文化遗产名录》。

诗文传情

满庭芳·静夜思

（宋）辛弃疾

云母屏开，珍珠帘闭，防风吹散沉香。离情抑郁，金缕织硫黄。柏影桂枝交映，从容起，弄水银堂。连翘首，惊过半夏，凉透薄荷裳。

一钩藤上月，寻常山夜，梦宿沙场。早已轻粉黛，独活空房。欲续断弦未得，乌头白，最苦参商。当归也！茱萸熟，地老菊花荒。

铭　座

（宋）陆游

天下本无事，庸人自扰之。
吾身本无患，卫养①在得宜。
一毫不加谨，百疾所由兹②。
一生快意事，噬脐③莫能追。
汝顾不少忍④，杀身常在斯。
深居勿妄动，一动当百思。
每食视本草，此意未可嗤。
赋诗置座右，终身作元龟⑤。

【注释】

①卫养：对身体的卫护和调养。②兹：此。③噬（shì）脐：比喻后悔已迟。④不少忍：“小不忍”之意。⑤元龟：借鉴。

哲理之思

中医药根植于中国传统文化的沃土，中医先贤以中国传统文化中的哲学思想和思维方式去探索生命，去发现疾病的前因后果，进而以此为指导来诊治疾病，进而形成了一套独具特色和魅力的生命认知体系。

◆整体观念。中医认为人体是一个整体，在生理上相互关联，病变时相互影响。同时，自然界的变化可直接或间接地影响人体，而机体则相应地产生反应。因此，中医强调人与自然、社会的整体联系。诊病时，不但要诊察病人本身的体质特征，还要结合当时的节气，结合人的生活环境、人际关系等。所以，中医以人体内外环境统一的整体观念，解释人得各种疾病的原因。而贯穿中医的阴阳五行学说，奠定了中医的理、法、方、药四个层次的基础。

◆辨证论治。“辨证”就是将望、闻、问、切所收集的信息，概括为某种性质的症候的过程；“论治”是根据辨证分析的结果来确定相应的治疗原则和治疗方法。辨证和论治，是诊治疾病过程中相互联系的两个方面，是理论和实践相结合的体现，是理、法、方、药在临床上的具体运用，是指导中医临床的基本原则。辨证论治的过程，实质上是中医学认识疾病和治疗疾病的过程。

◆技术与文化。中医药的技术属性主要体现在“治未病”中运用中医养生保健技术、预防控制疾病的主导作用，在治疗重大疾病中突出中医诊疗特色、与西医联合攻关的协同作用，以及在康复过程中使中医药成为疾病康复首选和重要手段的核心作用。中医药的文化属性是注重在治疗疾病的时候给予人文关怀，这是以人为本的人本精神的集中体现。

中医故事：对症下药

一次，府吏倪寻和李延生病了，他们一同去找华佗诊治。两人的感觉相同，都是头很疼，全身发热。华佗经过望色、诊脉，给他们开出不同的药。倪寻和李延非常奇怪：“我俩同一症状，吃的药为什么有那么大的区别？是不是华佗弄错了？”于是，他们向华佗请教。

华佗问道：“生病前你们都做了什么？”

倪寻说：“我昨天赴宴回来，就感到有点不舒服，今天就头疼发烧了。”

李延说：“我好像是昨天没盖好被子受凉了。”

华佗解释道：“倪寻的病是由于饮食过多引起的头疼身热，病在内，应当服泻药通肠胃，将积滞泻去，病就好了。李延的病是因为外感风寒受凉引起感冒发烧，病在外，应当吃解表药发汗，风寒之邪随汗而去，头痛也就好了。你们病情表面差不多，但病因相异，治疗的办法理应不一样才对啊！”

二人拜服，回家后各自将药熬好服下，很快都痊愈了。

文化感悟

我国中医药文化底蕴深厚，深刻影响着人们的日常生活。你了解中医药吗？请以“我与中医药”为题，写一写你与中医药的故事或对中医药文化的理解。

第15课 武术文化

文化说略

中华武术结合传统文化思想和观念，注重内外兼修，既究形体规范，又求精神传意，逐步形成了独具风貌的武术文化体系。

中华武术以强身健体为主，以搏击为辅，其精髓是外动内静、动中求静、动静兼备、刚柔并济、内外兼练。中华武术不仅是肢体运动，还包括武德等意识形态内容。中国传统文化渗透于武术之中。

中华武术源远流长，经历一代代先辈的发展，形式、内容不断丰富，形成了独特的吸引力和充分的文化张力，成为中华文化的重要符号。

武术的起源与发展

武术萌芽于原始社会时期，成形于奴隶社会时期。在部落战争中，弓箭、投掷器、棍棒、刀斧等，大部分成了武术器械的前身。

先秦时期，武术得到了发展并进一步向实用化、规范化发展，重视格斗技术在战场中的运用；商周时期，以田猎作为武术训练的重要手段，利用“武舞”来训练士兵，出现了矛、戈、斧、钺、刀、剑等铜制武器；春秋战国时期，剑的制造及剑道都得到了空前发展。

秦汉时期，盛行角力、击剑、宴乐兴舞的习俗。汉代是武术大发展的时期，已形成了多种流派。两晋至隋唐时期，练武有“口诀要术”。唐朝开始实行武举制，用考试选拔人才，促进了社会上的练武活动。

宋元明时期，民间结社的练武活动蓬勃兴起，拳术流派众多，器械也得到了快速发展，出现了一批武术著作，如《纪效新书》《武篇》等。

清朝和民国时期，形成了很多著名的拳种，回族武术广泛传播，影响力很大。民国期间，各种形式的拳社对传播和发展武术具有重要作用。

新中国成立后，非常重视优秀民族文化遗产的继承和发展，采取各种措施推动武术的普及和研究工作，使武术运动得到长足的发展。

中国武术自唐宋起就逐渐转向国外。日本、朝鲜及东南亚国家习武者不少。

在欧美国家，中国武术被称为“中国功夫”，影响非常深远。中华武术是中国人民对世界文化的重要贡献之一。

南阳汉画像石拓片《徒手搏枪》

晚清武术名家照片：中间坐者，左为车毅斋、右为郭云深，都是当时的武术名家。

在全国首个“全民健身日”北京主会场启动仪式上，3万多群众进行太极拳展示活动。

武术的分类

按照不同标准，武术有不同的分类。按其运动形式可分为套路运动和搏斗运动两大类；按其运动功能可分为攻防技击武术、艺术展示武术、养生健身武术三大类；还有的将武术分为拳术类、器械类、对练类、集体项目、攻防技术等类别。从世界武术锦标赛比赛项目看，主要有武术套路和武术散手两大类。

世界武术锦标赛武术套路具体包括以下几类。

长拳是中国传统拳派之一。该拳的特点是在出手或出腿时以放长击远为主，其动作撑长舒展、筋顺骨直，有时在出拳时还配合拧腰顺肩来加长击打点，以发挥“长一寸强一寸”的优势。

南拳套路短小精悍，结构紧凑，动作朴实，手法多变，短手连打，步法稳健，攻击勇猛，常以声助威，技击性强。

太极拳是国家级非物质文化遗产，以传统哲学中的太极、阴阳理念为核心思想，集颐养性情、强身健体、技击对抗等多种功能为一体，是内外兼修、柔和、缓慢、轻灵、刚柔相济的中国传统拳术。

刀术的特点是勇猛快速、气势逼人，刚劲有力。

剑术的特点是轻快敏捷、潇洒、飘逸。剑是中华武术的重要组成部分，在中国传统武术中有着很高的地位。

南刀为武术套路刀比赛竞技项目。南刀挥舞时动作大、用力大、响声大、速度快、场面异常激烈。

太极剑兼有太极拳和剑术两种风格特点。它像太极拳一样，轻灵柔和，绵绵不断，重意不重力，同时还优美潇洒、形神兼备。

枪术历史悠久，主要动作有拦、拿、扎等。

棍术主要动作有抡、劈、戳、撩等。

南棍内容充实，结构严谨，布局合理，步法突出。

武术邮票

武术四大门派

中国武术门派、套路众多，其中比较著名的有四大门派。

少林武术发源于河南嵩山少林寺，该寺建于北魏。少林功夫是中国武术各个流派中历史最久、门类最多、体系最大的一个门派，因以禅入武，习武修禅，又有“武术禅”之称。少林武功的特点为调呼吸，练百骸，进退敏捷，刚柔兼济而尤以刚为主，以长手为主，是各类外家拳法之集大成者。

武当武术因发源于武当山而得名。武当武术起源于元末明初。武当武术具有鲜明的道家文化特征，是武功和养生方法的天然结合体，而且理论上也独树一帜，自成体系。功法特点是强筋骨、运气功，讲究以静制动、以柔克刚。

峨眉武术发源于峨眉山，形成于明代。峨眉拳集众家之长，具有独特的技法与风格。峨眉武术套路特色是短小精悍、拳多腿少、步伐灵活多变、以防代攻。峨眉武术，除拳术和气功之外，还有器械。峨眉器械中，十八般兵器样样都有，剑术和枪术最为著名。

南拳是明代以来流行于南方的一大类拳种的总称，以福建、广东为中心，广泛流传于长江以南地区，种类繁多。南拳的基本特点是门户严密，动作紧凑，手法灵巧，重心较低，体现出以小打大、以巧打拙、以多打少、以快打慢的技击特色。南拳的总体风格是步稳，拳刚，势烈，少跳跃而多短拳，手型尤富于变化。

少林派武术

武当派武术

峨眉派武术

南拳派武术

文化审美

武术不仅是一种健身技艺，还是一种优秀的传统文化，具有独特的民族风格和特色。

◆形式美。武术套路运动呈现的身体、动作和精神等方面的美。武术要求“形神兼备”，人与自然、人与器械、动作与意识高度统一，展现出和谐之美、变化之美和韵律之美。而各种拳术、器械在动作方法、节奏、劲力上表现出不同的风格，也给人或舒展大方、圆活连贯，或气势雄厚、舞如长风，或刚劲迅猛、步伐敏捷之美。

◆造型美。在武术套路运动中，不同技术动作之间的配合和不同技战术之间的变化，呈现出一种造型美。武术套路运动强调有动有静，呈现出静态之美。

◆意境美。武术运动中常见借植物、动物来表现某种意境的，如猛虎扑食、大鹏展翅。各种拳术在表现武术意境性和情趣方面功用独到，而且演练者通过手眼身法创造出一种“心动行随，意气神传”的境象，给人一种情景交融、虚实相生、韵味无穷的神韵，创造一种意境美。

◆武德美。武德强调练武与修身相统一，习武者要有高尚的品德与宽大的胸怀。一直以来，中国武术历来不尚力而尚德、不重攻而重守，“武”的最初造字本意是止戈为武，习武之人要具备仁心、仁德，用武之道最根本的目的是将对手降服，不伤及要害，不取人性命，很多武术比赛都规定点到为止，习武之人还特别讲究以“礼”来规范行为。中国武术的武德伴随着时代的发展而不断丰富，成为习武者应具备的道德规范和道德品质。

史事拾微

华佗五禽戏

华佗五禽戏是由华佗根据中医理论，以模仿虎鹿熊猿鸟五种动物的动作和神态编创的一套导引术。“禽”在这里泛指动物；“戏”在古代是指歌舞杂技之类的活动，在此指特殊的运动方式。

华佗五禽戏是一种外动内静、动中求静、动静兼备、刚柔相济、内外兼练的气功功法，广为流传。现代医学研究证明，作为一种医疗体操，五禽戏不仅使人体的肌肉和关节得以舒展，而且有益于提高肺与心脏功能。

2011 年，华佗五禽戏入《国家级非物质文化遗产名录》。

爱国武术家霍元甲

霍元甲，清朝末年著名武术家，精武体育会创始人，培养了大批武术人才，为强健国民体质和传承武术文化做出了突出贡献。

霍元甲出生于武术世家，但幼年体质羸弱，不具备习武的“潜质”，父亲禁止他习武。但他性格倔强，偷学、偷练自家武艺，逐渐继承家传迷踪拳。

1909年春，英国大力士奥彼音来上海登台表演，言谈中对中国带轻蔑口吻，见于报端后引起人们的愤慨。霍元甲接到邀请登台与奥彼音比武。比赛时间已到，奥彼音因霍元甲名声不敢来应战。之后，霍元甲带着徒弟又与日本人“以不损伤为原则”进行“研究”，打出了声望，霍元甲的武技名扬上海。接着，霍元甲创办了“中国精武体操会”（后改名精武体育会），开始向社会大规模传播霍家迷踪拳。孙中山先生题写了“尚武精神”四个大字，以示对霍元甲的纪念。

电影《少林寺》

该片讲述的是隋唐年间著名武术家神腿张抗暴助义遭陷杀，其子为报父仇习武少林，并落发为沙弥的故事。主演李连杰，自幼习武，五次获得全国武术比赛冠军，其他全部演员都由武术精英出演。

电影《少林寺》的放映轰动世界，掀起了世界武术热。电影里的少林功夫不仅在中国而且在国际上引起了巨大的反响，来参观、游览少林寺的人络绎不绝。东亚、东南亚等地的人们对少林武功推崇备至，欧美武术热爱者们称少林为“功夫圣地”。电影《少林寺》使少林寺获得了极高的声誉。

诗文传情

观公孙大娘弟子舞剑器行

（唐）杜甫

昔有佳人公孙氏，　一舞剑器动四方。
观者如山色沮丧，天地为之久低昂[①]。
㸌如羿射九日落，矫如群帝骖龙[②]翔。
来如雷霆收震怒，罢如江海凝清光。
绛唇珠袖两寂寞，晚有弟子传芬芳。
临颍美人[③]在白帝，妙舞此曲神扬扬。

与余问答既以有，感时抚事增惋伤。
先帝④侍女八千人，公孙剑器初第一。
五十年间似反掌，风尘澒动⑤昏王室。
梨园弟子散如烟，女乐余姿映寒日。
金粟堆前木已拱，瞿唐石城草萧瑟。
玳筵⑥急管曲复终，乐极哀来月东出。
老夫不知其所往，足茧荒山转愁疾。

【注释】

①低昂：一起一伏。②骖龙：驾着龙。③临颍美人：指李十二娘。④先帝：指唐玄宗。⑤澒（hòng）动：弥漫无际。⑥玳（dài）筵：指奢华的宴席。

哲理之思

中国武术是最富有民族文化特色的体育项目，具有丰富的文化内涵。中国的哲学思想孕育出多种派别的中国武术，一招一式无不蕴含着哲学的智慧。

◆以“天人合一”观为指导思想。“天人合一”的观念是道家哲学一种表现。认为人和自然在本质上是相通的，人应顺乎自然才能生存与发展。武术把人作为一个整体来训练，讲究“内练精气神，外练筋骨皮”“内外合一，形神兼备”。还强调人的运动要根据自然和人体机能的变化，采用不同的方法来练功，在天人合一的和谐统一中得以平衡。

◆矛盾转化规律。传统哲学中的阴阳学说强调事物间的作用，是一切事物变化的根源，这一理论被广泛地应用到各种武术理论中，如太极拳中的“以静制动，以柔克刚，以顺避害”。中国武术中有动与静、刚与柔、虚与实、内与外、进与退、攻与守等技击原理与方法，体现了矛盾对立面相互转化的规律。

◆体现了知行合一的实践观。武术强调理论与实践的有机结合，正所谓“只练不思长进慢，只思不练空谈兵”“拳理要静悟，拳技要勤修”。

总之，中国武术蕴涵着深刻的哲理，这些思想不仅能指导习武练功，还有助于人们修身养性。

武术名人与哲学

李小龙，原名李振藩，祖籍广东佛山。他是世界武道变革先驱者、截拳道创始人，武打电影演员。

李小龙创立了著名的截拳道，这是跨越门派限制而具有世界性的现代中国功夫。截拳道融合了多种拳术，以咏春拳、跆拳道腿法，拳击与击剑作为技术核心，以中国道家思想为主。李小龙为中国功夫闻名于世界作出了巨大贡献，他两度被国际权威武术杂志评为世界七大武术家之一。美国、日本、英国等多家媒体称他为“发扬中国武术最有成效的人”。

李小龙把哲学的思维用到了武术里，用哲学来指导武术。他在武术方面的成功有赖于他在哲学方面的领悟，哲学与武术极其完美地在他身上结合起来。

李小龙在其武学著述中给世人留下了他的哲学思想，如以无法为有法，以有限为无限，是为武术最高境界。让思维如水一般没有束缚，招式变幻的伟大可以在水中得到启迪。

文化感悟

源远流长的武术文化是中华民族的特殊标记，并对世界体育文化产生了巨大影响。武术可以带来美的享受，武术可以健体养生，武术能磨砺人的意志。

你对武术文化有哪些感悟？请写下你的看法。